国家智库报告 2019(19)
National Think Tank

经济

中国社会救助水平研究

程杰 王德文 著

STUDY ON THE LEVEL OF SOCIAL ASSISTANT IN CHINA

中国社会科学出版社

图书在版编目(CIP)数据

中国社会救助水平研究/程杰，王德文著 . —北京：中国社会科学出版社，2019.10
（国家智库报告）
ISBN 978-7-5203-5431-8

Ⅰ.①中… Ⅱ.①程…②王… Ⅲ.①社会救济—研究—中国 Ⅳ.①D632.1

中国版本图书馆 CIP 数据核字（2019）第 233476 号

出 版 人	赵剑英
项目统筹	王　茵
责任编辑	王　衡
责任校对	朱妍洁
责任印制	李寡寡

出　　版	中国社会科学出版社
社　　址	北京鼓楼西大街甲 158 号
邮　　编	100720
网　　址	http://www.csspw.cn
发 行 部	010-84083685
门 市 部	010-84029450
经　　销	新华书店及其他书店
印刷装订	北京君升印刷有限公司
版　　次	2019 年 10 月第 1 版
印　　次	2019 年 10 月第 1 次印刷
开　　本	787×1092　1/16
印　　张	7
插　　页	2
字　　数	70 千字
定　　价	39.00 元

凡购买中国社会科学出版社图书，如有质量问题请与本社营销中心联系调换
电话：010-84083683
版权所有　侵权必究

摘要：社会救助被视为最后一道"社会安全网"，在落实"社会政策要托底"新理念中承担重要责任。目前中国社会救助体系初步建立了"8+1"的基本框架，即8个基本社会救助项目加上1个广泛参与的社会力量，社会救助范围逐步扩大，政府投入持续增加。但是，社会救助支出增长未能与经济增长和财政收支增长保持同步，2012年以来中国社会救助支出强度呈下降迹象，各类社会救助总支出占当年GDP比重从2012年的高峰1.26%下降到2018年的0.94%，与OECD国家平均支出强度（2%）仍有一定差距。新时期社会救助体系面临着人口、经济与社会结构加快转变的挑战，需要继续加大财政投入力度，理顺中央与地方政府的责任关系，优化社会救助支出结构，整合资源，提高资金使用效率，确保社会政策有效托底，推动全面建成小康社会目标顺利实现。

关键词：社会救助　财政投入　社会救助支出强度　社会安全网

Abstract: Social assistance system is regarded as the basic "social safety net" and takes an important responsibility in the implementation of the new concept of "social policy should be bear the basic guarantee". At present, the basic framework of "8 + 1" has been initially established in China's social assistance system, which eight basic social assistance schemes plus one social force with wide participation. The scope of social assistance has gradually expanded, and the government investment has continued to increase. However, the growth of social assistance expenditure failed to keep pace with the economic growth and the growth of fiscal revenue and expenditure. Since 2012, the intensity of social assistance expenditure in China has declined. The proportion of total social assistance expenditure to GDP has declined from the peak of 1.26% in 2012 to 0.94% in 2018. There is still a certain gap with the average intensity of expenditure in OECD countries (2%). In the new era, the social assistance system is facing the challenge of accelerating the transformation of population, economy and social structure. We need to continue to increase public financial investment, straighten out the responsibility relationship between the central government and the local government, optimize the expenditure structure of social assistance, integrate resources and improve the efficiency of fund use, ensure that social policies play a basic guarantee function, and promote the realization of the goal of building a moderately prosperous society in an all-round way.

Keywords: Social Assistance; Public Financial Input; Intensity of Social Assistance Expenditure; Social Safety Net

目 录

一 总论 …………………………………………（1）

二 中国社会救助体系的基本框架 ………………（9）

三 社会救助体系的支出与筹资状况 ……………（17）

四 社会救助水平与结构特征 ……………………（65）

五 加强社会救助支出与筹资的建议 ……………（84）

六 展望 …………………………………………（99）

参考文献 …………………………………………（102）

一 总论[*]

社会救助是社会保障体系的重要组成部分，被视为最后一道"社会安全网"。21世纪以来中国政府将民生工作放在了更加重要的位置，加强了社会救助体系建设，并将其视为全面建成小康社会的重要内容。2014年中国政府颁布《社会救助暂行办法》，明确了社会救助体系的基本框架，主要包括最低生活保障、特困人员供养、医疗救助、教育救助、住房救助、就业救助、临时救助、自然灾害救助8个项目，并鼓励社会力量广泛参与。中国经济增长和财政收入保持较快增长，为中央和地方政府加大社会救助投入提供了有利条件，尤其中央财政在其中发挥了重要作用，社会救助体系覆盖范围扩大，保障水平提高，筹资能力也逐步增强。但是，城乡与地区之间的差异仍然较大，

---

[*] 本报告内容仅代表作者个人观点，不代表作者所在机构的观点和意见。

中央与地方政府之间的支出责任需要明确，地区之间的财政负担能力差距也较大，为中国社会救助体系可持续发展带来挑战。中国社会救助体系建设和管理涉及民政、教育、住房和城乡建设、人力资源和社会保障等多个部门，不同部门在救助对象界定、救助方式、补贴标准和筹资方式等方面存在差异，这对于理解和评价中国社会救助体系带来了困难。

本报告的目标是通过全面评估社会救助体系的财政支出和筹资状况，观察中国社会救助体系的发展特征及其面临的挑战。考虑到中国社会救助项目的复杂性、特殊性：首先，总体上介绍了中国社会救助体系的基本框架；其次，简单梳理主要救助项目和政策的演变历程，明确其基本功能和目标群体，分析实际的财政支出状况和筹资结构特征，在此基础上，妥善处理可比性问题，尝试综合评估中国社会救助体系的财政投入强度；最后，对于如何完善中国社会救助体系提出建议和展望。本报告主要结论和观点综述如下。

第一，继续加大财政投入力度，提高社会救助支出强度。

中国社会救助支出水平尚有较大的增长空间。根据研究估算显示，2018年城乡最低生活保障支出达到1632.1亿元，仅占当年GDP比重的0.18%，占当年公共财政支出比重的0.74%。2018年各类社会救助财政总支出为8494.6亿元，仅相当于当年GDP比重的0.94%。最近一项国际经验研究显示，社会救助支出占GDP比例均值为1.9%，OECD国家这一比例平均超过2%，中国社会救助支出强度明显处于较低水平。

党的十八大以来，社会救助支出强度呈下降迹象。尽管社会救助支出绝对额保持增长，但是社会救助支出增长未能与经济增长和财政收支增长保持同步，已经陷入徘徊状态甚至出现下降。以最低生活保障制度为主的民政社会救助支出占公共财政比重在2011年达到高峰1.62%之后开始逐步下降，2018年下降到1.15%，各类社会救助总支出占当年公共财政支出比重也从2011年的高峰5.4%下降到2018年的3.8%，各类社会救助总支出占当年GDP比重从2012年的高峰1.26%下降到2018年的0.94%。

社会救助体系可持续运行应确定一个适当的社会救助支出强度。公共财政需要加大社会救助投入，确保社会救助支出增长幅度不低于一般财政支出增长幅度，确保社会救助支出占GDP比重和占公共财政支出比重不下降并逐步提高，扭转党的十八大以来社会救助支出强度的弱化态势。面向2020年全面建成小康社会目标，建议设定一个适当的社会救助支出强度目标，例如各类社会救助财政支出相当于当年GDP比重达到2%以上，占当年公共财政支出比重达到10%以上。

第二，调整社会救助支出结构，实施更加积极的救助政策。

社会救助支出结构在城乡经济发展中快速变化。近些年房价持续快速上涨，城乡低收入和贫困家庭的住房困难问题突出，保障性住房需求增加，住房救助支出涉及大规模的基础设施和房地产投资，2018年其在各类社会救助支出中所占比重已经接近40%。若不考虑住房救助项目，以最低生活保障为主的民政社会救助支出始终占据主导地位，所占比重稳定在50%左右，其中，最低生活保障支出占民政社会救助总支出比重达到60%以上。最低生活保障支出的城乡结构也发生变化，城市低保支出占比逐步从2004年的77.2%下降到2018年的22.7%，农村低保支出相应从21.3%逐步提高到41.7%。

社会救助支出结构调整需要契合城乡低收入和贫困家庭的现实需求。城乡老年人口正在急速增加，高龄老人、独居老人、失能老人数量增多，针对老年人的医疗救助需求预期增长很快。中低收入家庭、贫困家庭、流动人口家庭的住房需求仍然存在较大缺口，尤其北京、上海、广州等超大城市，以公共租赁房为主的住房救助投入有待继续增加。城镇中游离着一批过早进入劳动力市场的青年，其中以二代流动农村青年为主，他们失业率高、就业不稳定，难以适应经济和产业结构调整，以教育培训为主的救助项目应发挥积极作用。社会救助政策需要与劳动力市场政策有机结合，激励救助对象重返劳动力市场。

社会救助支出结构调整要适应城镇化和人口流动形势。社会救助预算安排应该以常住人口为瞄准对象，不能仅覆盖本地户籍人口。城市最低生活保障覆盖人群已经连续几年下降，但并不意味着城市中实际贫困人口和低收入家庭的规模绝对减少，快速城镇化进程中形成的常住流动人口处于中低收入阶层，他们仍未被城市低保制度和相关社会救助制度有效覆盖。社会救助体系发展应该着眼于重点解决"新市民"，尽快将这一庞大群体纳入城市社会救助体系中，救助支出结构也应该相应做出调整。

第三，理顺各级政府的责任关系，提高中央转移支付比重。

中央财政在社会救助体系中发挥着至关重要的作用。在资金预算安排上，中央财政安排民政社会救助资金比例达60%左右，中西部欠发达地区主要依靠中央财政负担。但是，对于经济欠发达、财政能力较弱地区，地方财政筹资能力仍然存在困难，研究测算显示，2015年民政社会救助项目的地方财政预算完成率为93.5%，低于97.2%的总体预算完成率，中央财政预算完成率为100%，其中，西藏、海南、重庆、贵州等中西部省（市、区）的地方财政预算完成率在45%以下，而这些地方中央转移支付比重恰恰更高。地方财政能力的差异导致地区之间的社会救助水平差距扩大，经济发达、财政能力强的地方可以持续提高救助水平和补贴标准，而经济欠发达、财政能力差的地方只能完全依靠中央财政转移支付维持较低的救助水平。

中央财政应该继续加大转移支付力度，并在制度上明确其主体责任。原则上地方财政要承担主要社会救助项目的筹资安排，但很多县（市）级财政负担较重，实际上已经形成以中央财政转移支付方式为主的责任关系，导致制度安排与实际筹资责任不一致，应该从制度上明确中央财政的主体责任，确保地方政府形成稳定投入预期。一方面应鼓励地方各级财政，特别是省级财政相应加大社会救助投入，目前省级政府在社会救助支出中没有发挥应有的责任，应该建立省级政府社会救助投入比例最低约束。另一方面对于经济欠发达地区，中央财政应继续加大转移支付力度，降低地方财政尤其是县级财政负担，确保社会救助预算能够有效执行，控制地区间社会救助水平的差距。

第四，整合社会救助资源，提高资金使用效率。

基于目前社会救助体系框架整合社会救助资源。目前社会救助体系管理涉及民政、教育、住建、人社等多个部门，除此之外还涉及扶贫、农业、工会、妇联等政府部门，各部门都投入了专项救助资金，但是不同部门在救助对象界定、救助方式、补贴标准和筹资方式等方面存在差异，甚至出现重复救助与救助不足并存的现象。在目前社会救助体系"8+1"的基本框架下，应该尽快整合现有的各方面资源，提高资金使用效率，明确一般性生活救助与专项救助之间的职能范围，加强组织协调，统筹预算安排，统一救助标准，共享数据信息。

加强社会救助资金使用评估与需求测算。建立一套完整的社会救助体系评估机制，引入第三方评估机构，及时提出改进方案，完善社会救助政策。立足于未来人口老龄化、城镇化和人口流动趋势，结合经济社会发展趋势特征，测算未来社会救助支出资金需求总量及其结构，为中央和地方政府资金筹集和预算安排提供科学的依据。

第五，完善社会救助相关政策，鼓励社会力量广泛参与。

社会救助需要兼顾直接救济和间接救济两种路径。政府主导的社会救助并不意味着社会力量就可以被完全取代，尤其在一些特定、专项的救助项目（如自然灾害救助、教育救助、医疗救助等）中需要社会力量的强有力支持。面向社会组织、社会工作者和志愿者队伍等社会力量提供支持，间接地实施社会救助也是一种灵活、有效的救助举措。可以通过财税优惠和相关费用减免政策，积极鼓励慈善组织与大中型企业设立救助公益基金，多渠道、多形式支持社会救助事业。

鼓励"互联网+公益"创新模式，带动社会广泛参与社会救助。前些年红十字会"郭美美事件"导致政府主导的慈善事业公信力下降，严重影响了公众参与社会救助的积极性。近些年，互联网技术和互动交流平台快速发展，"互联网+公益"的社会救助模式（如腾讯公益、蚂蚁金服公益平台、公益众筹等）涌现并发挥了积极作用，政策部门应该继续鼓励并加强监管，确保其良性发展，维护公众参与社会救助的热情。

二　中国社会救助体系的基本框架

目前中国社会救助体系初步建立了"8+1"的基本框架，即8个基本的社会救助制度或项目加上1个广泛参与的社会力量。其中，民政部门负责最低生活保障、特困人员供养、自然灾害救助、医疗救助和临时救助5个项目，教育救助、住房救助和就业救助项目分别由教育部门、住房和城乡建设部门以及人力资源和社会保障部门负责。

最低生活保障制度被视为中国社会救助体系的核心项目，基本特点是非缴费性和非普惠性，目标群体是人均收入低于指定最低标准的家庭。中国最低生活保障制度伴随20世纪90年代国有企业改制而产生，1993年上海市率先开展试点工作，1997年全国约有200个城市建立试点制度，1999年10月《城市居民最低生活保障条例》颁布实施，全国范围建立了城市最低生活保障制度。政策规定，资金由地方政府财政负担，但很多地方财政困难，中央财政以转移支付的方式给予补助，2002年城市最低生活保障制度覆盖人数达到2065万人。农村最低生活保障制度建设滞后于城市，由于缺乏公共财政的有力支持，地方试点工作发展缓慢，直到2007年国务院颁布《关于在全国建立农村最低生活保障制度的通知》，农村最低生活保障制度才进入快速发展阶段，资金筹集以地方为主，要求列入地方政府财政预算，省级财政加大投入，中央财政对困难地区给予适当补助。2007年年底，农村最低生活保障制度覆盖3566万人，2010年突破5000万人。

特困人员供养主要覆盖城乡特殊困难人群，中国先后建立起农村五保供养、特困人员救助、城市"三无"人员救济和福利院供养制度，以保障城乡特困人员基本生活。"三无"人员指城乡老年人、残疾人以及未满16周岁的未成年人中同时具备以下条件的人员，即无劳动能力、无生活来源、无法定赡养（抚养、扶养）义务人或者其法定义务人无履行义务能力。农村特困人员供养制度起步较早，1994年国务院就颁发了《农村五保供养工作条例》，针对农村"三无"人员提供吃、穿、住、医、葬5个方面的生活照顾和物质帮助，即五保供养，乡镇政府是负责组织五保供养的实施主体，资金来源主要是村提留或者乡统筹费，

2000年以来税费改革对农村五保供养带来较大影响，2006年国务院修订了《农村五保供养工作条例》，将资金来源由村提留或者乡统筹费列支改为地方财政预算安排和上级财政转移支付，五保供养体制从农村互助自养方式转变为政府公共财政负担方式。截至2015年年底，农村五保供养人数为518万人，其中，集中供养和分散供养分别为162万人和356万人。在较长时期内，城市与农村的特困人员供养体系是相对独立的，城市"三无"人员主要纳入城市最低生活保障制度，少部分人员单独给予特定救助，以至于保障水平不足。2014年城乡"三无"人员保障制度统一为特困人员供养制度，特困人员供养制度实现城乡统一。

医疗救助是应对城乡低收入群体因病致贫、因病返贫的重要政策。救助对象主要包括最低生活保障家庭成员，特困供养人员，低收入家庭的老年人、未成年人、重度残疾人和重病患者以及其他特殊困难人员和优抚人员。其中，最低生活保障家庭成员和特困供养人员是医疗救助的重点救助对象。救助方式包括直接医疗救助（门诊救助和住院救助）和资助参加医疗保险（新型农村合作医疗和城镇居民医疗保险）两种方式。2003年新型农村合作医疗制度（简称"新农合"）在全国试点实施，与此同时农村医疗救助制度也开展试点，2005年城市医疗救助制度试点工作也启动，城乡医疗救助制度逐步完善，明确将其纳入国家基本医疗保障体系。随着医疗保险制度改革的推进，2015年新农合与城镇居民医疗保险开始合并实施，城乡医疗救助制度统筹也同步推进，社会保障基金财政专户中分设的"城市医疗救助基金专账"和"农村医疗救助基金专账"合并，在政策目标、资金筹集、对象范围、救助标准、救助程序等方面加快城乡统筹，推动城乡困难群众公平地获取医疗救助。

教育救助是指为保障适龄人口获得接受教育的机会，在不同阶段向贫困地区、贫困家庭的学生提供物质和资金救助的制度。对于义务教育阶段的学生，采取"两免一补"政策，即免除学杂费和书本费，对于家庭经济困难的寄宿生提供生活补助；2006年起国务院决定实施农村义务教育经费保障机制改革，全面实施"两免一补"政策；2008年秋季学期开始全部免除城市义务教育阶段公办学校学生学杂费，对符合当地政府规定接收条件的进城务工人员随迁子女，要按照相对就近入学的原则统筹安排在公办学校就读，免除学杂费；2011年启动了农村学生营养改善计划，提高农村学生健康水平，促进教育公平。在学前教育阶段，按照"地方先行、中央奖补"的原则，对普惠性幼儿园的家庭经济困难儿童、孤儿和残疾儿童予以资助；对于高中教育阶段家庭困难的学生，国家和地方政府设立助学金对其进行资助；对于中等职业教育，建立以免学费、国家助学金为主，学校和社会资助及顶岗实习等为补充的学生资助制度；对于高等教育阶段家庭经济困难的学生，建立以奖学金、学生贷款、勤工俭学、特殊困难补助和学费减免为主要内容的救助体系。

住房救助是针对特定对象实施的特殊类型住房保障。住房救助政策探索起步于中国城市住房制度改革，1999年建设部制定了《城镇廉租住房管理办法》，2007年出台《廉租住房保障办法》，廉租房制度体系逐渐成形。政府以租金补贴或实物配租的方式，向符合城镇居民最低生活保障标准且住房困难的家庭提供社会保障性质的住房，廉租房套型建筑面积控制在50平方米以内，体现出较强的住房救助特征。2012年《公共租赁房管理办法》颁布实施，面向符合规定条件的城镇中等偏下收入住房困难家庭、新就业无房职工和稳定就业外来务工人员出租保障性住房，单套建筑面积以40平方米为主，租金标准低于市场租金水平，租赁期限一般不超过5年。2014年开始，公共租赁房与廉租房并轨运行，不再单设廉租房。经济适用房直接以成本价或低于市场价出售的方式提供住房保障，2004年实施《经济适用住房管理办法》，2007年进行了修订，但由于操作过程不规范、寻租问题突出，未能有效覆盖住房困难家庭，住房救助功能并未体现，2012年以后停止经济适用房建设，这期间一些大城市（如北京）还出台了面向中低收入家庭的"两限房"（限制房价和住宅面积）政策。2014年相关部门发布《关于做好住房救助有关工作的通知》，明确了住房救助体系内容，住房救助对象是指符合政府规定标准的住房困难的最低生活保障家庭和分散供养的特困人员，城镇住房救助对象属于公共租赁住房制度保障范围，农村住房救助对象属于优先实施农村危房改造的对象范围。在住房救助方式上，通过配租公共租赁住房、发放低收入住房困难家庭租赁补贴、农村危房改造等方式实施住房救助。

就业救助是通过制定各类特殊扶持政策，多渠道开发公益性岗位，提供有针对性的救助措施，帮扶就业困难人员尽快实现再就业的制度。就业救助对象主要包括就业困难人员和零就业家庭成员，就业困难人员是指因身体状况、技能水平、家庭因素、失去土地等原因难以实现就业，以及连续失业一定时间仍未能实现就业的人员，零就业家庭成员是指法定劳动年龄内的家庭人员均处于失业状况的城市居民家庭中的登记失业人员。帮助就业困难人员通过不同渠道尽快实现再就业是就业救助制度的核心，主要包括三个方面：一是直接面向就业困难人员提供就业招聘、技能培训、职业鉴定、社会保险补贴等，提升他们的就业能力；二是通过税收减免、岗位补贴等优惠政策鼓励企业吸纳就业困难人员实现就业；三是政府和公共部门直接开发公益性岗位，主要是符合社会公共利益需要的服务性岗位和协助管理岗位，直接安置就业困难人员实现就业。

临时救助是对遭遇突发事件、意外伤害、重大疾病或其他特殊原因导致基本生活陷入困境，其他社会救助制度暂时无法覆盖或救助之后基本生活暂时仍有严重困难的家庭或个人给予的应急性、过渡性的救助。临时救助制度首先由地方试点探索，2009年民政部提出在全国所有大中型城市全面建立临时救助制度，救助对象包括在居住地居住、就业1年以上，符合当地政府规定的低收入家庭认定条件的常住人口（包括流动人口）。2014年国务院发布《关于全面建立临时救助制度的通知》，填补社会救助体系存在的"短板"，解决遭遇突发性、紧迫性、临时性生活困难群众的救助问题。临时救助方式包括发放临时救助金、发放实物和提供转介服务。地方政府将临时救助资金列入财政预算，城乡居民最低生活保障资金有结余的地方，可安排部分资金用于最低生活保障对象的临时救助支出，中央财政给予适当补助。

自然灾害救助具有突发性、不确定性，自然灾害救助作为社会救助体系的不可或缺部分有必要长期存在并逐渐完善。自然灾害救助长期处于临时性、应急性活动状态，没有形成一个完整、规范的救助体系。直到 2010 年，国务院颁布了《自然灾害救助条例》，自然灾害救助进入规范化阶段，要求将自然灾害救助工作纳入国民经济和生活发展规划，建立健全与自然灾害救助需求相适应的资金、物资保障机制，救助资金纳入财政预算。为规范应急救助行为，提高应急救助能力，2011 年国务院制定了《国家自然灾害救助应急预案》，国家减灾委员会为国家自然灾害救助应急综合协调机构，负责组织、领导全国的自然灾害救助工作，协调开展自然灾害救助活动，2016 年国务院修订了《国家自然灾害救助应急预案》。

三 社会救助体系的支出与筹资状况

总体上社会救助体系的投入力度逐步加大，支出水平逐步提高，筹资来源和结构逐步改进，但不同救助项目的目标功能和瞄准对象有差别，救助方式也不同，有的项目直接提供现金转移支付，有的项目提供实物、信贷、培训和服务等。需要具体观察不同救助制度和政策的实施状况。

（一）最低生活保障制度

最低生活保障制度的发展迎来转折点，城乡覆盖人数开始逐步减少。城市低保覆盖人数从2003年之后就趋于稳定，2009年达到2346万人的顶峰，之后开始逐步减少，2018年减少到1007万人，较顶峰时期下降了57.1%。农村低保覆盖人数从2010年之后趋于稳定，

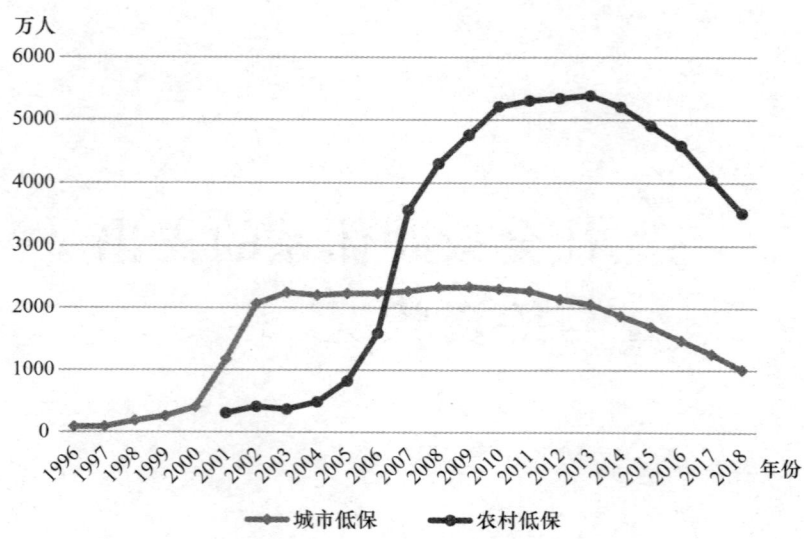

图 1　中国最低生活保障制度的覆盖人数（1996—2018 年）
数据来源：根据《中国民政统计年鉴》（历年）相关数据整理得到。

2013 年达到 5388 万人的顶峰，2018 年减少到 3519 万人，较顶峰时期下降了 34.7%。最低生活保障制度的退出机制逐步建立，覆盖人数的下降一定程度上反映了低收入群体收入水平提高，随着城乡居民收入水平持续提高，在官方最低生活保障标准没有大幅调整的情况下，预计城乡最低生活保障覆盖人数将继续下降。民政部公布的最新统计资料显示，截至 2019 年 8 月，城市最低生活保障覆盖对象下降到 545 万户、889 万人，农村最低生活保障制度覆盖对象下降到 1854 万户、3382 万人。

最低生活保障制度快速发展关键依靠财政投入大幅增加。从 20 世纪 90 年代中期最低生活保障制度开始探索建立以来，中国财政累计投入超过1万亿元。最低生活保障制度加快发展，各级财政投入快速增长，城乡低保总投入从2005年的271.8亿元增长到2017年的1692.3亿元，增长了5.2倍，2018年出现转折性变化，城乡低保总投入小幅下降到1632.1亿元。由于覆盖人数趋于下降，城市低保投入在2013年达到756.7亿元的高峰之后有所下降，2018年下降到575.2亿元。农村低保投入持续增长，从2005年的79.9亿元增长到2018年的1056.9亿元，增长了12.2倍。尽管农村最低生活保障制度全面建立较晚，保障水平也比城市低，但覆盖人数接近城市的3倍，农村低保财政投入所占比重从2004年的21.6%逐步提高到2018年的64.8%。

最低生活保障制度的支出增长主要取决于两个方面。一是低保覆盖人数的扩张。城乡低保覆盖总人数在21世纪第一个10年从不到1500万人增长到7500多万人，但2010年之后开始下降，而且下降幅度有逐步加快的迹象，最近几年城市低保投入的下降正是由于覆盖人数的缩减，未来覆盖人数的扩张将不会成为财政投入增长的主要因素。二是低保标准和补贴水平的提高。尤其在低保覆盖人数逐渐稳定甚至下降的情况下，财政投入的增长更大程度上归因于低保标准的提高，这也将成为未来财政投入继续增长的主要因素，

2018年城市和农村低保标准分别提高到每人每月579.7元和402.8元，2006—2018年年均增幅分别达到10.8%和15.6%，实际补贴水平也相应提高，2018年城市和农村低保平均支出水平分别达到每人每月476.0元和250.3元，2006—2018年年均增幅分别达到15.6%和18.0%，农村低保标准和支出水平增长幅度比城市更大，城乡之间的相对差距缩小，但绝对差距仍在扩大。

表1　中国最低生活保障制度的财政投入（1996—2018年）　单位：亿元

年份	城市	农村	城乡合计
1996	3.0		3.0
1997	2.9		2.9
1998	7.1		7.1
1999	13.8		13.8
2000	21.9		21.9
2001	41.6		41.6
2002	108.7		108.7
2003	153.1		153.1
2004	172.7	47.7	220.4
2005	191.9	79.9	271.8
2006	224.2	126.6	350.8
2007	277.4	109.1	386.5
2008	393.4	228.7	622.1
2009	482.1	363.0	845.1

续表

年份	城市	农村	城乡合计
2010	524.7	445.0	969.7
2011	659.9	667.7	1327.6
2012	674.3	718.0	1392.3
2013	756.7	866.9	1623.6
2014	721.7	870.3	1592.0
2015	685.0	911.6	1596.6
2016	655.6	984.3	1639.9
2017	640.5	1051.8	1692.3
2018	575.2	1056.9	1632.1

注：2004年以前农村最低生活保障制度在少数地区试点，地方财政投入较少，数据缺失。

数据来源：根据《中国民政统计年鉴》（历年）相关数据整理得到。

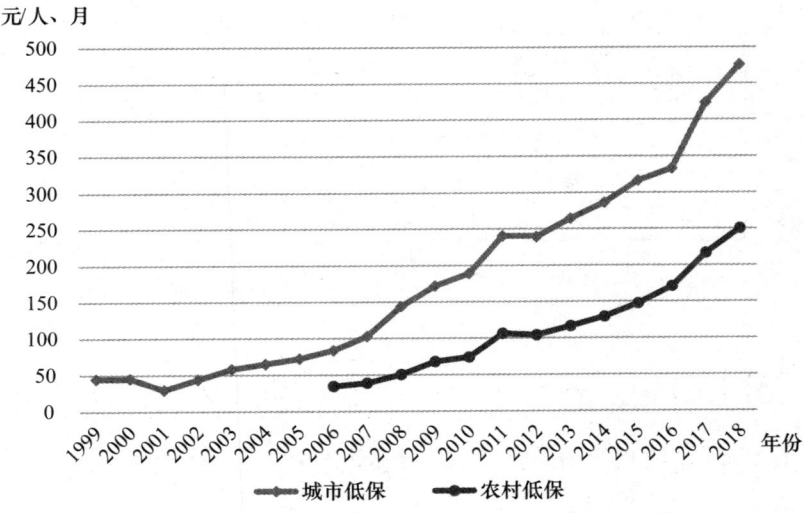

图2 中国最低生活保障制度人均支出水平（1999—2018年）

数据来源：根据《中国民政统计年鉴》（历年）相关数据整理得到。

表2　中国最低生活保障制度的保障水平

（1999—2018年）　　　　　　单位：元/人、月

年份	平均标准 城市低保	农村低保	城乡差距	平均支出水平 城市低保	农村低保	城乡差距
1999	149.0			44.8		
2000	157.0			45.3		
2001	147.0			29.6		
2002	148.0			43.9		
2003	149.0			58.0		
2004	152.0			65.0		
2005	156.0			72.3		
2006	169.6	70.9	2.39	83.6	34.5	2.42
2007	182.4	70.0	2.61	102.7	38.8	2.65
2008	205.3	82.3	2.49	143.7	50.4	2.85
2009	227.8	100.8	2.26	172.0	68.0	2.53
2010	251.2	117.0	2.15	189.0	74.0	2.55
2011	287.6	143.2	2.01	240.3	106.1	2.26
2012	330.1	172.3	1.92	239.1	104.0	2.30
2013	373.3	202.8	1.84	264.2	116.1	2.28
2014	411.0	231.4	1.78	286.0	129.0	2.22
2015	450.1	265.2	1.70	316.6	147.2	2.15
2016	494.6	312.0	1.59	333.4	170.8	1.95
2017	540.6	358.4	1.51	423.3	216.7	1.95
2018	579.7	402.8	1.44	476.0	250.3	1.90

数据来源：根据《中国民政统计年鉴》（历年）相关数据整理得到。

中央财政以转移支付的方式推动最低生活保障制度发展，中央财政所占比重达到70%。城乡最低生活保障制度在地方试点阶段发展缓慢，其主要困难就是缺乏足够的中央财政支持，地方财政尤其是本地县级政府难以负担。2007年全国范围内开始建立最低生活保障制

度之后，中央财政发挥越来越重要的作用，以转移支付的方式支持地方推动这项工作，中央财政所占的比重也逐步提高，从 2006 年的 38.8% 提高到 2016 年的 81.8%，2017 年小幅下降到 78.4%。2017 年全国社会服务事业费用总支出为 5932.7 亿元，其中，中央转移支付 2492.3 亿元，占比为 42%。资金预算安排反映出筹资来源和结构特征，2015 年中央财政在城市低保资金预算中占到 73.4%，本地县级财政占到 11.4%，中央财政在农村低保资金预算中占到 58.2%，本地县级财政占到 18.1%。2017 年中央财政预算资金比重有所下降，县级财政预算资金比重有所提高，地方政府中省级和市级资金预算比重始终较低，最低生活保障制度已经从以地方政府投入为主转变为以中央财政投入为主。

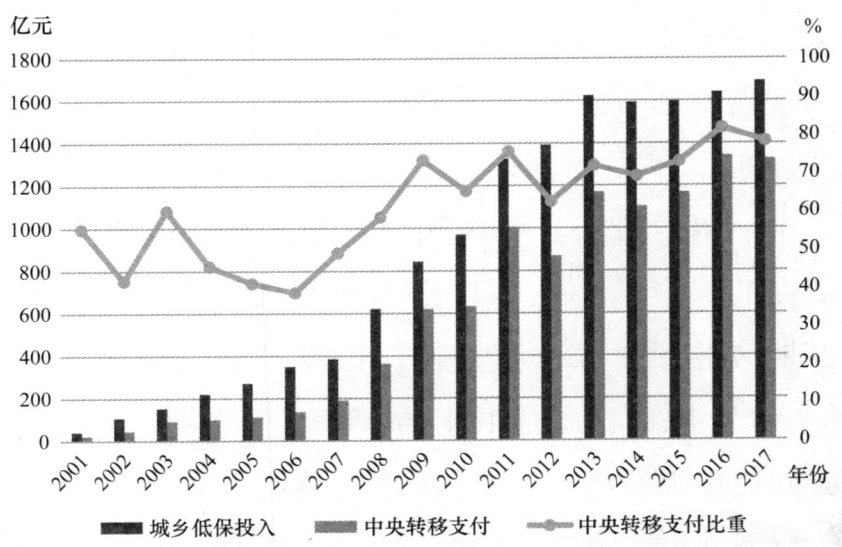

图 3　中国最低生活保障投入与中央财政比重（2001—2017 年）

数据来源：根据《中国民政统计年鉴》（历年）相关数据整理得到。

表3　　近几年最低生活保障的预算筹资结构变化　　单位：%

	城市低保			农村低保		
	2013年	2015年	2017年	2013年	2015年	2017年
中央财政	71.1	73.4	66.9	69.1	58.2	57.8
省级财政	9.5	12.6	14.9	14.4	20.0	17.2
市级财政	4.6	2.6	2.9	3.3	3.7	3.6
县级财政	14.8	11.4	15.3	13.2	18.1	21.4
合计	100	100	100	100	100	100

数据来源：根据《中国民政统计年鉴》（历年）相关数据整理得到。

地区之间经济发展水平和财政状况差异较大，最低生活保障的筹资结构也差异很大。中央财政转移支付主要面向经济欠发达地区，经济发达地区主要依靠地方财政解决最低生活保障的筹资问题。从预算资金的筹资结构来看，2014年北京、上海、江苏、浙江、广东等发达省（市、区）城市低保资金完全由地方政府解决，没有安排中央转移支付预算，北京、上海更是完全由本市（县）政府解决，中西部地区部分欠发达省（市、区）如河南、广西、重庆等，则几乎完全依靠中央财政投入，资金预算比重占到90%以上。农村低保的筹资结构也表现出类似特征，中央财政在中西部地区的预算中比重更高，以支持地方财政困难省（市、区）顺利推动最低生活保障制度实施。

即便中西部地区中央财政转移支付占比较高，但地方财政预算完成率仍然更低。中央财政转移支付基本上能够按照年度预算安排执行，2014年城市低保和农村低保的中央财政预算完成率分别为100.6%和99.8%，绝大多数省（市、区）的预算完成率都是100%，部分省（市、区）还有额外临时增加的补贴。但是，地方财政预算仍然不能完全到位，城市低保和农村低保的预算完成率分别为86.5%和95%，而且地区之间预算执行状况的差异非常大，部分省（市、区）地方财政预算完成率不到50%，甚至个别省（市、区）不仅地方财政预算没有到位，还借用了中央财政转移支付，以至于出现地方财政预算完成率为负的情景。2015年预算安排与实际支出之间存在较大差异，全国城市低保预算资金达到1039.9亿元，但城市低保实际支出仅为719.3亿元，预算完成率仅为69.2%；农村恰恰相反，2015年全国农村低保预算资金为709.8亿元，但农村低保实际支出达到931.5亿元，预算完成率高达131.2%，各地区的预算安排与实际支出之间也差异巨大，大大超出预期。

表4　中国各省（市、区）城市最低生活保障的财政支出与筹资结构（2014年）

	预算资金（亿元）	筹资来源（%）				实际支出（亿元）	预算完成率（%）		
		中央财政	省级财政	市级财政	县级财政		总体	中央财政	地方财政
全　国	750.1	68.7	9.9	4.0	17.5	721.7	96.2	100.6	86.5
北　京	7.1	0	0.6	0	99.4	7.1	100.9	/	100.9
天　津	12.5	37.0	2.4	0	60.6	12.0	95.5	88.0	99.9
河　北	21.8	83.8	1.6	4.0	10.6	20.9	95.8	100	74.3
山　西	27.5	71.4	18.6	4.6	5.4	26.6	96.9	100	89.1

续表

	预算资金（亿元）	筹资来源（%）				实际支出（亿元）	预算完成率（%）		
		中央财政	省级财政	市级财政	县级财政		总体	中央财政	地方财政
内蒙古	38.1	59.9	19.8	10.3	10.0	37.0	96.9	100	92.4
辽宁	39.7	83.5	3.8	2.3	10.4	42.1	106.0	100	136.3
吉林	35.7	85.5	6.2	0	8.3	33.2	93.1	100	52.3
黑龙江	56.5	77.3	10.6	1.8	10.3	58.7	103.9	100	117.3
上海	13.5	0	0	0	100	13.7	100.9	/	100.9
江苏	14.3	0	22.0	5.0	73.0	14.4	100.6	/	100.6
浙江	4.2	0	14.8	7.7	77.6	4.2	99.0	/	99.0
安徽	29.2	79.4	2.2	2.2	16.3	29.0	99.3	100	96.6
福建	5.4	47.0	6.8	5.1	41.1	5.3	97.6	100	95.4
江西	32.7	66.2	0.1	1.9	31.8	32.5	99.4	100	98.3
山东	25.0	34.5	29.7	6.9	29.0	18.4	73.5	100	59.5
河南	37.0	90.1	7.0	1.4	1.5	33.2	89.7	100	-4.3
湖北	53.1	68.5	1.8	5.3	24.5	41.4	78.1	100	30.6
湖南	44.8	76.9	10.5	1.3	11.3	44.5	99.4	100	97.5
广东	15.8	0	57.0	9.7	33.2	15.5	97.9	/	97.9
广西	13.7	93.1	0.1	1.5	5.3	15.0	109.1	100	232.3
海南	6.1	58.8	26.8	3.1	11.2	4.1	67.0	100	19.9
重庆	18.0	98.1	-2.4	0	4.2	15.1	84.2	100	-751.6
四川	49.8	87.4	4.0	1.3	7.3	47.8	95.8	100	67.0
贵州	16.6	77.3	7.5	5.2	10.0	16.8	101.3	100	105.9
云南	30.6	56.9	23.6	7.4	12.0	32.5	106.0	100	113.9
西藏	2.0	69.1	0.2	0.1	30.6	2.5	126.4	100	185.5
陕西	30.9	64.6	3.6	22.5	9.4	25.8	83.6	100	53.8
甘肃	27.3	74.7	15.6	2.9	6.7	27.0	98.8	100	95.4
青海	7.9	88.8	3.5	0.3	7.3	7.6	96.4	87.0	170.8
宁夏	5.8	82.3	3.4	0	14.3	5.1	87.2	100	27.6
新疆	27.4	77.8	14.6	0	7.6	32.9	120.0	122.2	112.1

注：地方财政指省级、市级和县级的三级财政，预算完成率指实际支出占预算资金比例，其中，部分省（市、区）的中央财政预算完成率缺省，表示没有中央预算资金安排。

数据来源：根据《中国民政统计年鉴（2015年）》相关数据整理得到。

表5　中国各省（市、区）农村最低生活保障的财政支出与筹资结构（2014年）

	预算资金（亿元）	筹资来源（%） 中央财政	省级财政	市级财政	县级财政	实际支出（亿元）	预算完成率（%） 总体	中央财政	地方财政
全 国	886.4	65.9	15.7	3.4	15.0	870.3	98.2	99.8	95.0
北 京	3.3	15.8	0	0	84.2	2.9	87.3	0	103.7
天 津	4.5	0	0	0	100	4.6	103.5	/	103.5
河 北	33.1	63.4	24.5	3.0	9.1	32.0	96.5	100	90.5
山 西	26.2	56.4	22.2	11.5	9.9	25.7	98.0	100	95.5
内蒙古	31.9	51.1	11.6	12.7	24.6	31.7	99.5	100	98.9
辽 宁	15.3	52.9	31.4	2.8	12.9	17.4	113.8	100	129.2
吉 林	12.8	75.3	14.1	0	10.6	12.5	97.3	100	89.1
黑龙江	22.7	64.7	16.4	1.6	17.4	22.9	101.0	100	102.8
上 海	1.3	0	0	0	100	1.4	102.0	/	102.0
江 苏	38.6	26.1	35.7	0.2	38.0	34.1	88.4	100	84.2
浙 江	21.2	24.6	27.3	0.7	47.4	20.2	95.6	83.1	99.6
安 徽	37.0	69.0	11.5	1.8	17.7	37.0	99.9	100	99.7
福 建	13.8	32.6	26.6	3.8	36.9	14.0	100.9	133.7	85.0
江 西	30.2	64.9	3.9	0.9	30.3	30.1	99.5	100	98.6
山 东	43.8	45.4	18.8	6.2	29.6	50.5	115.3	100	128.0
河 南	52.2	83.0	10.2	2.1	4.7	51.3	98.2	100	89.2
湖 北	37.8	66.7	11.6	3.7	18.0	32.5	85.9	100	57.7
湖 南	45.8	65.2	20.4	2.1	12.4	44.9	98.0	95.9	102.1
广 东	38.3	32.2	44.7	3.4	19.8	37.8	98.8	100	98.2
广 西	40.8	84.3	12.8	0.2	2.7	43.2	105.9	100	137.5
海 南	5.2	58.2	21.0	4.7	16.1	4.1	79.6	100	51.2
重 庆	13.7	71.9	25.8	0	2.3	10.8	79.3	100	26.4
四 川	55.6	82.2	4.9	4.1	8.9	54.4	97.7	100	87.2
贵 州	66.4	89.3	3.4	2.7	4.7	61.0	91.9	100	24.5
云 南	65.4	77.5	13.0	4.1	5.5	68.2	104.4	100	119.5

续表

	预算资金（亿元）	筹资来源（%）				实际支出（亿元）	预算完成率（%）		
		中央财政	省级财政	市级财政	县级财政		总体	中央财政	地方财政
西 藏	5.0	72.2	0	0	27.7	3.8	75.6	100	12.1
陕 西	40.9	71.6	6.0	12.9	9.5	37.3	91.3	100	69.3
甘 肃	46.6	80.2	18.4	0.4	0.9	46.7	100.2	100	101.0
青 海	7.8	78.3	10.6	0	11.1	8.1	103.6	100	116.5
宁 夏	7.0	70.5	16.5	0	12.9	7.1	101.4	100	104.7
新 疆	22.1	85.6	7.0	0.1	7.4	22.0	99.8	100	98.5

注：地方财政指省级、市级和县级的三级财政，预算完成率指实际支出占预算资金比例，其中，部分省（市、区）的中央财政预算完成率缺省，表示没有中央预算资金安排。

数据来源：根据《中国民政统计年鉴（2015年）》相关数据整理得到。

表6　中国各省（市、区）城市最低生活保障的财政支出与筹资结构（2015年）

	预算资金（亿元）	筹资来源（%）				实际支出（亿元）	预算完成率（%）
		中央财政	省级财政	市级财政	县级财政		
全 国	1039.9	73.4	12.7	2.6	11.4	719.3	69.2
北 京	7.1	0	0	0	100	7.2	101.1
天 津	12.7	33.7	0	0	66.3	11.4	89.3
河 北	59.0	72.3	21.7	2.4	3.5	20.8	35.3
山 西	38.3	94.2	0	2.7	3.1	22.8	59.5
内蒙古	35.9	64.6	20.4	6.5	8.5	33.2	92.6
辽 宁	28.8	78.2	5.2	1.3	15.3	39.4	137.0
吉 林	51.3	82.1	8.4	2.4	7.1	36.6	71.3
黑龙江	84.0	72.9	19.3	1.9	5.9	60.1	71.6
上 海	14.1	0	3.3	0	96.7	13.9	98.2
江 苏	12.7	0	37.4	10.6	52.0	13.6	106.7

续表

	预算资金（亿元）	筹资来源（%）				实际支出（亿元）	预算完成率（%）
		中央财政	省级财政	市级财政	县级财政		
浙 江	5.2	12.6	10.7	7.0	69.6	4.5	85.6
安 徽	63.1	85.2	9.0	0.8	5.0	28.2	44.7
福 建	5.3	52.7	1.8	7.1	38.4	5.4	100.9
江 西	33.1	71.4	0.2	1.5	26.9	35.5	107.4
山 东	23.0	45.1	19.4	10.7	24.9	16.4	71.4
河 南	88.5	92.9	6.0	0.2	0.9	32.9	37.2
湖 北	47.4	75.2	6.2	5.7	13.0	39.2	82.8
湖 南	83.0	79.7	12.1	2.1	6.1	43.1	52.0
广 东	15.5	0	54.1	8.2	37.8	16.0	103.2
广 西	50.6	97.9	0	0.2	1.9	14.4	28.5
海 南	7.1	65.3	27.3	0.3	7.2	3.4	48.1
重 庆	33.8	60.7	39.5	0	-0.2	14.8	43.6
四 川	52.1	87.8	4.4	1.0	6.7	49.0	94.1
贵 州	19.9	80.0	7.6	3.8	8.6	16.8	84.6
云 南	45.6	60.1	24.3	5.6	10.0	38.6	84.8
西 藏	3.6	65.0	0.6	2.2	32.2	2.6	72.8
陕 西	26.6	71.3	10.1	9.0	9.6	24.5	92.2
甘 肃	25.0	73.8	13.9	2.8	9.5	25.1	100.7
青 海	12.6	75.0	16.1	0	8.9	9.6	76.7
宁 夏	4.3	0	85.0	0	15.0	6.2	144.8
新 疆	50.9	84.8	9.8	0	5.3	34.0	66.8

注：2016年统计年鉴中的"中央专项拨款对账单"中不再分列城市和农村低保资金，不能分别计算中央财政和地方财政的预算执行率情况。

数据来源：根据《中国民政统计年鉴（2016年）》相关数据整理得到。

表7 中国各省（市、区）农村最低生活保障的财政支出与筹资结构（2015年）

	预算资金（亿元）	筹资来源（%） 中央财政	省级财政	市级财政	县级财政	实际支出（亿元）	预算完成率（%）
全　国	709.8	58.2	20.1	3.7	18.1	931.5	131.2
北　京	3.3	0	0	0	100	3.5	107.4
天　津	4.9	0	0	0	100	4.9	99.9
河　北	1.2	0	0	23.2	76.8	30.2	2582.9
山　西	15.4	0	70.6	18.4	10.9	25.9	168.0
内蒙古	29.6	60.4	9.6	14.6	15.5	31.2	105.3
辽　宁	29.1	75.5	16.5	2.5	5.5	17.9	61.3
吉　林	1.9	0	0	20.6	79.4	16.0	845.2
黑龙江	3.9	0	0	6.7	93.3	26.7	684.3
上　海	1.7	0	0	0	100	1.7	100.4
江　苏	38.7	27.7	27.2	0.8	44.3	36.1	93.4
浙　江	22.0	18.0	20.3	0.8	61.0	21.9	99.9
安　徽	6.9	0	0	9.7	90.3	38.8	558.9
福　建	15.4	46.0	17.2	5.7	31.0	15.3	99.5
江　西	36.5	57.4	14.8	0.7	27.1	34.3	93.9
山　东	48.9	49.4	21.2	8.9	20.5	51.5	105.3
河　南	2.8	0	0	24.2	75.8	57.3	2073.3
湖　北	60.0	48.5	40.7	0	10.7	38.7	64.6
湖　南	8.0	0	0	1.3	98.7	44.1	553.3
广　东	32.7	40.1	51.6	4.3	4.0	39.3	120.5
广　西	5.9	0	84.9	1.0	14.1	44.0	740.1
海　南	4.7	63.4	33.1	1.2	2.3	4.3	91.1
重　庆	23.4	35.6	46.0	0	18.4	9.8	41.8
四　川	55.3	86.8	4.3	3.0	5.8	59.0	106.7
贵　州	68.8	89.3	3.3	1.4	6.0	61.8	89.9
云　南	61.2	77.9	14.2	4.5	3.4	76.1	124.4
西　藏	6.5	63.1	0	0	36.9	4.0	61.5
陕　西	39.7	82.4	7.9	6.5	3.2	38.6	97.2

续表

	预算资金（亿元）	筹资来源（%）				实际支出（亿元）	预算完成率（%）
		中央财政	省级财政	市级财政	县级财政		
甘肃	54.3	79.1	20.0	0.2	0.6	55.0	101.3
青海	7.2	64.7	22.8	0.6	11.9	7.8	108.5
宁夏	13.3	77.0	10.0	0	13.0	9.5	71.5
新疆	2.7	39.6	60.4	0	0	26.1	954.0

注：2016年统计年鉴中的"中央专项拨款对账单"中不再分列城镇和农村低保资金，不能分别计算中央财政和地方财政的预算执行率情况。

数据来源：根据《中国民政统计年鉴（2016年）》相关数据整理得到。

筹资结构与低保标准和待遇水平相关，地方财政筹资比重越高，低保标准和补贴水平越高。尽管中央财政转移支付向中西部地区倾斜，一定程度上有效提升了低保制度的公平性，地区间低保参保率符合公平原则的要求[1]，但是，经济发展水平差距依然直接反映到地区之间的低保标准和补贴水平上，2015年城市低保平均标准最高的上海达到每人每月790元，约为新疆城市低保标准的2.3倍，上海城乡低保标准已经统一，2015年农村低保平均标准也提高到790元，约是河南农村低保标准的4.2倍。经济发达地区有条件依靠本地财政加大低保投入，提高低保标准和补贴水平，而主要依靠中央财政转移支付推进当地低保制度，保

---

[1] 杨红燕：《中央与地方政府间社会救助支出责任——理论基础、国际经验与改革思路》，《中国软科学》2011年第1期。

障水平相对较低的经济欠发达地区，本地县级财政预算比重越高，城乡低保的平均补贴水平越高，这不利于缩小地区差距。当然，从另一方面来讲，依靠地方财政为主推进低保制度，一定程度上有利于平衡地区内的城乡统筹发展，有助于缩小区域内的城乡保障水平差距。

表8 中国各省（市、区）最低生活保障的平均标准与待遇水平（2015年） 单位：万人、元/月

	城市低保				农村低保			
	覆盖人数	平均标准	平均补助	人均支出	覆盖人数	平均标准	平均补助	人均支出
全 国	1701.1	451	317	352	4903.6	265	147	158
北 京	8.5	710	710	707	4.9	710	572	596
天 津	13.1	705	593	724	10.4	600	358	394
河 北	55.0	441	256	315	205.8	223	127	122
山 西	59.9	413	292	317	122.5	230	163	177
内蒙古	60.3	508	409	460	116.4	324	209	223
辽 宁	71.8	494	338	458	79.5	296	161	187
吉 林	72.5	402	328	421	82.2	227	126	162
黑龙江	120.0	506	338	417	118.2	298	166	189
上 海	17.6	790	651	658	3.1	790	529	470
江 苏	28.0	582	356	404	114.8	502	234	262
浙 江	7.3	641	464	511	56.8	557	334	322
安 徽	64.7	455	334	363	196.3	260	157	165
福 建	12.9	478	310	345	71.7	284	168	178
江 西	92.4	452	296	320	169.3	247	171	169
山 东	37.2	470	309	367	237.4	278	165	181
河 南	107.9	374	232	254	392.9	186	116	121
湖 北	84.6	447	265	386	159.5	270	123	202

续表

	城市低保				农村低保			
	覆盖人数	平均标准	平均补助	人均支出	覆盖人数	平均标准	平均补助	人均支出
湖 南	127.2	360	261	283	317.9	204	116	116
广 东	29.7	514	404	448	153.6	374	194	213
广 西	38.5	404	274	312	292.1	213	115	126
海 南	8.4	467	262	339	18.8	347	167	190
重 庆	37.5	419	305	328	50.3	237	167	162
四 川	156.4	367	238	261	405.5	201	117	121
贵 州	40.2	453	303	349	332.7	218	127	155
云 南	98.1	396	301	328	455.3	195	141	139
西 藏	4.6	591	411	464	32.0	195	92	104
陕 西	50.9	461	299	402	161.7	221	152	199
甘 肃	76.2	378	288	275	336.9	218	130	136
青 海	17.6	370	286	455	31.8	208	164	205
宁 夏	15.4	362	277	337	41.7	217	165	190
新 疆	86.5	349	286	327	131.8	191	149	165

注：平均补助指低保覆盖人员平均每月实际得到的补助金额，人均支出指平均每个低保覆盖人员的财政支出，即当年低保实际支出除以低保覆盖人数。

数据来源：根据《中国民政统计年鉴（2016年）》相关数据整理得到。

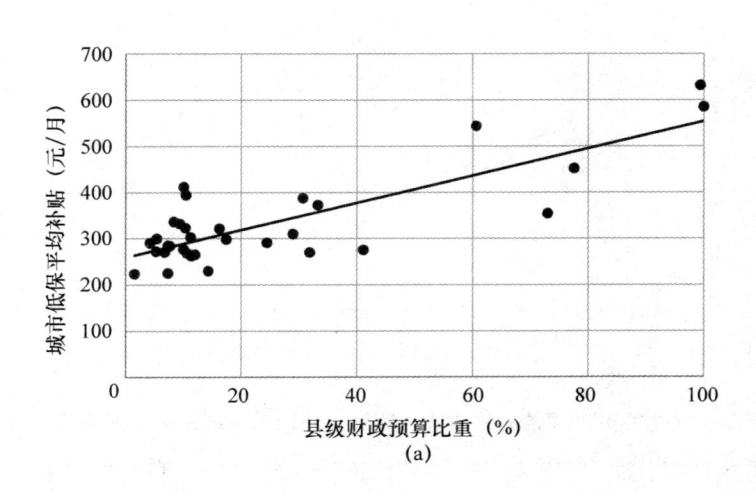

(a)

(b)

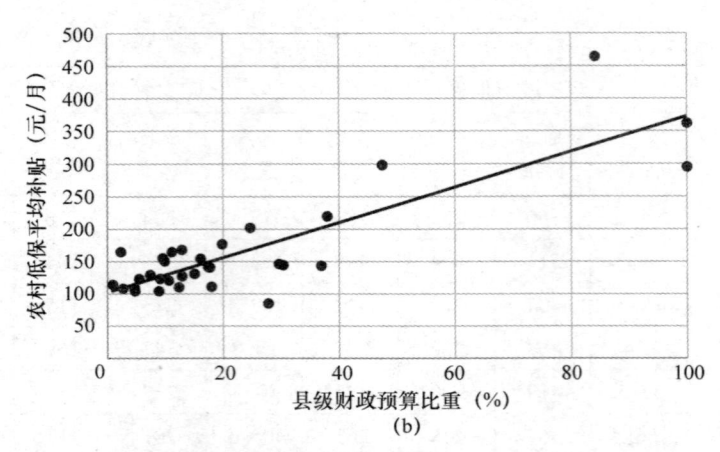

图4 最低生活保障的筹资结构与补贴水平之间的关系

数据来源：根据《中国民政统计年鉴（2016年）》相关数据整理得到。

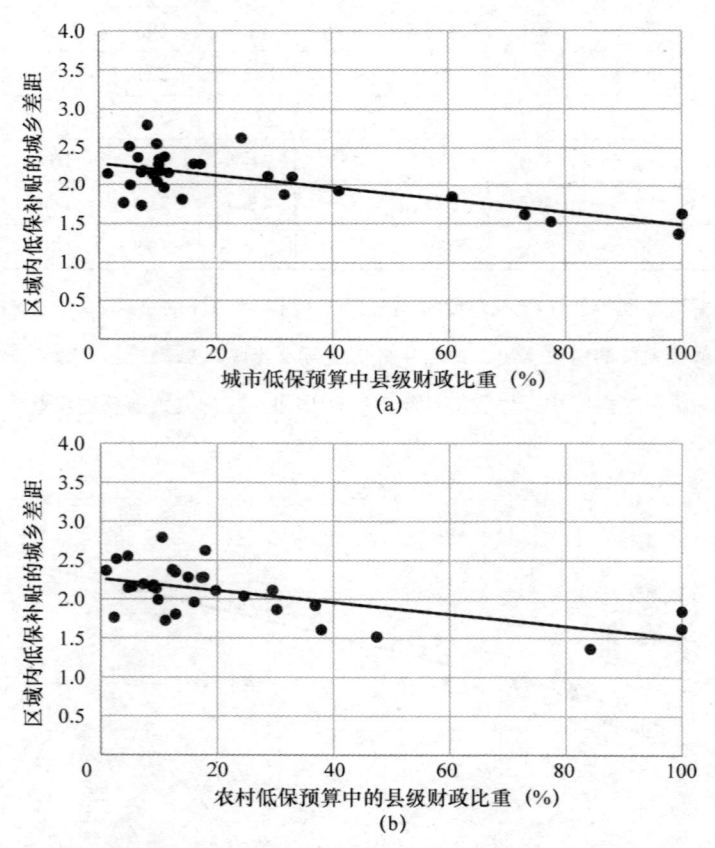

(a)

(b)

图5 最低生活保障的筹资结构与区域内补贴水平城乡差距之间的关系

数据来源：根据《中国民政统计年鉴（2016年）》相关数据整理得到。

（二）特困人员供养

农村特困人员救助曾经是农村五保供养的补充救助方式，2006年前后伴随农村最低生活保障制度实施相应进行了调整。2016年之前，不适用于五保供养条件的农村困难人员主要被纳入特定的农村特困户救助范围。随着农村最低生活保障制度全面实施，部分人员放宽条件被纳入五保供养体系，不符合条件的农村特困人员纳入低保保障范围。根据统计显示，2005年全国农村特困户救助人数达到1067万人，农村低保覆盖人数仅为825万人，到2006年农村特困户救助人数下降到776万人，农村低保覆盖人数大幅增加到1593万人，当年五保供养人数也从上年350万人大幅增加到503万人，2007年之后农村特困户全面纳入低保保障范围。

在较长时期内，城市与农村的特困人员供养体系是相对独立的，城市"三无"人员主要纳入城市最低生活保障制度覆盖的范围，少部分人员单独给予特定救助。2007年城市最低生活保障覆盖"三无"人员规模曾经达到126万人，约占当年城市低保覆盖总人数的5.5%，2014年城市低保覆盖"三无"人员数量减少到50万人，占当年城市低保覆盖总人数的2.7%，2014年城市特定救助"三无"人员7.6万人，较2013年减少12%，救助支出5.1亿元，2016年城市"三无"救济人数稳定在7.6万人。对比来看，低保制度的救助标准和保障水平相对低于五保供养制度，城市"三无"人员保障水平相对不足。2016年国务院出台了《关于进一步健全特困人员救助供养制度的意见》，明确了城乡统筹的特困人员供养制度，这意味着城市"三无"人员也将比照农村五保供养制度给予特定社会救助。

城乡统筹的特困人员救助供养体系适当扩大了救助范围，进一步明确了责任主体和筹资来源。根据规定，救助内容包括提供基本生活条件、对生活不能自理的给予照料、提供疾病治疗、办理丧葬事宜以及住房救助和教育救助。供养形式分为在家分散供养和在当地的供养服务机构集中供养，具备生活自理能力的，鼓励其在家分散供养，完全或部分丧失生活自理能力的，优先为其提供集中供养服务。制度衔接问题也得到妥善解决，纳入特困人员救助供养范围的人员将不再适用最低生活保障政策。本地政府在特困人员救助的资金安排上要发挥主体责任，县级以上地方人民政府要将政府设立的供养服务机构运转费用、特困人员救助供养所需资金列入财政预算，省级人民政府要优化财政支出结构，统筹安排特困人员救助供养资金，中央财政给予适当补助，并重点向特困人员救助供养任务重、财政困难的地区倾斜。

表9　农村五保供养的保障人数和财政投入（2002—2017年）

年份	保障人数（万人）	其中：集中供养	分散供养	财政投入（亿元）	其中：集中供养	分散供养
2002	213					
2003	204					
2004	229	73	156			
2005	300	96	204			
2006	503	161	342			
2007	531	138	393	62.7		
2008	549	156	393	73.3	30.2	43.1
2009	553	172	382	87.3	36.9	50.4
2010	556	177	379	96.4	42.7	53.7
2011	551	185	367	123.5	53.1	70.4
2012	546	185	360	144.7	61.8	82.9
2013	537	184	354	174.3	73.9	100.4
2014	529	174	355	207.7	81.2	126.5
2015	517	162	354	208.0	80.5	127.5
2016	497	139	358	236.4	81.7	154.7
2017	467	100	367	269.4		

注：2017年《中国民政统计年鉴》没有分别公布集中供养和分散供养的财政投入。

数据来源：根据《中国民政统计年鉴》（历年）相关数据整理得到。

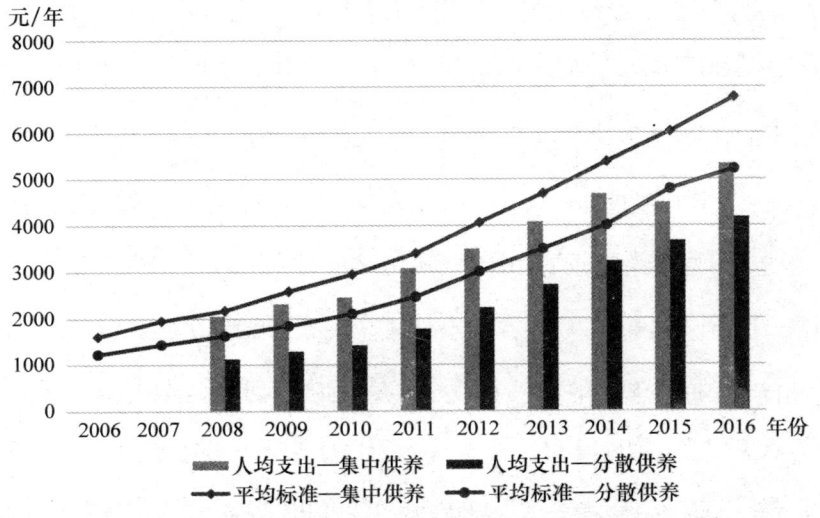

图6　农村五保供养的平均标准和人均支出（2006—2016年）

数据来源：根据《中国民政统计年鉴》（历年）相关数据整理得到。

农村五保供养人员规模趋于稳定并逐步减少。2006年农村特困人员救助方式进行了较大调整，部分人员被纳入最低生活保障制度覆盖的范围，部分人员被纳入农村五保供养体系，当年农村五保供养对象突破500万人，之后的年份小幅度稳步增长，2010年达到556万人的顶峰，之后呈现稳步减少趋势。截至2017年年底，农村五保供养人员下降到467万人，较2010年高峰时期减少16.1%，其中，集中供养人员减少到100万人，较2010年减少43.9%，分散供养人员规模基本保持稳定，2017年为367万人，较2010年减少3.1%。

农村五保供养财政支出保持稳定增长，主要归因于供养标准和支出水平的提高。2017年农村五保供养财政支出达到269.4亿元，较2007年增长了3.3倍，较五保供养人员高峰时期的2010年也增长了1.8倍。2010—2017年农村五保供养人员逐年减少，但财政支出保持年均15.8%的增速，这归因于五保供养标准和支出水平的快速提高。截至2016年年底，农村五保集中供养和分散供养的平均标准分别提高到每人每年6776元和5217元，较2010年分别增长了1.3倍和1.5倍，集中供养和分散供养的平均支出水平分别提高到5327元和4180元，较2010年分别增长了1.2倍和2倍。五保供养的保障水平要明显高于最低生活保障制度，2016年集中供养和分散供养平均标准相当于农村最低生活保障的1.8倍和1.4倍，平均支出水平相当于农村最低生活保障的2.6倍和2倍。

特困人员供养制度城乡统筹之后，城市比照农村五保供养方式救助的"三无"人员将大幅增加。2014年之前城市"三无"人员主要被纳入城市最低生活保障制度覆盖的范围，2014年这一人群规模仍然达到50万人，加上当年特定的城市"三无"救济人数7.6万人，城市特困人员供养人员近58万人，由于五保供养的平均标准和支出水平要明显高于最低生活保障制度，城市特困人员供养财政支出将会较大幅度增长。

城市生活无着人员救助是一项补充救助措施，主要对城市流浪乞讨人员实行救助。早在2003年国务院就颁布了《城市生活无着的流浪乞讨人员救助管理办法》，要求县级以上城市人民政府将流浪乞讨人员救助经费列入财政预算。2014年全国城市救助站达到1949个，其中未成年人救助保护中心345个，全年救助生活无着人员347万人次，救助未成年人12.8万人次，流浪乞讨人员救助支出达到38.5亿元，中央财政拨付流浪乞讨救助资金20亿元，占比达到52%，资金用于流浪乞讨人员救助单位经费约为16.3亿元，直接用于流浪乞讨人员救助经费22.1亿元，占到57.5%。2015年救助站数量减少到1766个，未成年人救助保护中心数量减少到275个，但全年救助生活无着人员增加到

375万人次，救助未成年人增加到16.7万人次。

完全或者部分丧失生活自理能力的特困人员直接由社会服务机构收养。社会服务机构收养人员主要是城乡"三无"人员、生活无着人员和一些特殊群体（如孤儿、智障人和精神病人）。2012年全国各类可提供住宿的社会服务机构数量多达4.8万个，到2015年机构数量削减到3.1万个，提供床位数393.2万张，当年收养各类人员236.3万人，其中城市和农村分别为121.1万人和115.2万人，收养人员中老年人和残疾人为219万人，智障人和精神病人6.4万人，儿童为5.6万人。近几年社会服务机构数量出现减少，主要是由于农村社会服务机构进行了精简合并，虽然床位数并未减少，但农村收养人数开始减少。截至2018年年底，全国各类可提供住宿的社会服务机构数量稳定在3.1万个，床位数为408.1万张，当年收养各类人数达211.9万人。

特困人员救助资金筹集主要依靠当地政府，中央财政转移支付比例较小。根据民政部门公布的社会救助资金预算，"其他社会救助"项目中主要包括农村五保、城市"三无"救助、临时救助和传统救济等内容，以2015年的筹资预算安排来看，全国各级财政预算资金总额为360.6亿元，其中，中央财政安排资金仅为50.4亿元，占比为14%，地方财政预算安排比重达到86%,尤其县级及以下资金安排比重达到50.4%,这一预算结构对经济欠发达地区的县级政府产生较大压力。2015年"其他社会救助"实际预算支出总额为392.9亿元,其中,五保供养支出超过一半。

表10　可提供住宿的社会服务机构数量及收养人数(2000—2018年)

年份	单位数（个）	床位数（万张）	收养人数（万人） 全国	城市	农村
2000	40491	113.0	85.4	42.6	42.8
2001	38785	140.7	88.5	39.6	48.9
2002	38200	141.5	91.6	42.2	49.4
2003	37294	142.9	96.5	46.1	50.4
2004	38593	157.2	110.9	51.5	59.4
2005	42487	180.7	123.6	55.7	67.9
2006	43187	204.5	147.0	55.0	92.0
2007	44958	269.6	193.2	43.9	149.3
2008	41099	300.3	240.0	79.5	160.5
2009	43944	326.5	256.0	83.0	173.0
2010	44482	349.6	278.2	95.7	182.5
2011	45973	396.4	293.4	100.9	192.5
2012	48078	449.3	309.5	109.5	200.0
2013	45977	462.4	322.5	121.3	201.2
2014	36810	426.0	334.0	127.6	206.4
2015	31187	393.2	236.3	121.1	115.2
2016	31473	414.0	241.0		
2017	32000	419.6	228.8		
2018	31291	408.1	211.9		

注:2016年开始《中国民政统计年鉴》不再公布分城市和农村的收养人数。

数据来源:根据《中国民政统计年鉴》(历年)相关数据整理得到。

表11　其他社会救助项目的资金预算与支出结构（2015年）

	预算资金（亿元）	预算结构（%）		财政支出（亿元）	支出结构（%）	较上年增长（%）
总额	360.6	100	总额	392.9	100	22.2
中央财政	50.4	14.0	五保供养	209.9	53.4	10.6
地方财政	310.2	86.0	城市"三无"救助	5.0	1.3	-2.3
省级	104.9	29.1	城市流浪乞讨救助	40.5	10.3	5.3
市级	23.6	6.5	临时救济	65.7	16.7	14.1
县级	181.8	50.4	传统救济	71.8	18.3	135.3

数据来源：根据《中国民政统计年鉴（2016年）》相关数据整理得到。

（三）医疗救助

直接医疗救助包括住院救助和门诊救助两种方式，救助规模呈现快速增长趋势。医疗救助制度实施以来，直接医疗救助人次保持快速增长，2005年直接救助人次只有199.6万人次，2010年增加到1479.3万人次，"十二五"时期进入到一个新的发展阶段，救助人次突破2000万人次，2015年直接救助人次达到2900万人次，其中民政部门认定并直接实施的救助次数达到2515.9万人次，住院救助和门诊救助各占约一半。住院医疗救助支出水平明显较高，所需要的财政投入也更多，2015年直接医疗救助支出达到214.5亿元，占医疗救助总支出的70.6%，其中，住院医疗救助支出为190.9亿元，占医疗救助总支出的62.9%。

资助参加城乡医疗保险作为重要的医疗救助方式，救助覆盖范围更广。资助参加新农合人员从2004年的552.6万人扩大到2014年的5021.7万人，随着贫困人口和社会救助人员减少，2015年资助参加新农合人员出现下降。资助参加城市居民医疗保险人员在2014年达到1702万人的高峰，2015年出现小幅度下降。根据民政部门统计显示，2015年资助参加新农合和城市居民医疗保险支出分别达到36.8亿元和17.7亿元，分别占医疗救助总支出的12.1%和5.8%。

中央财政在医疗救助投入中发挥重要作用，但所占比重呈现下降趋势。中央财政转移支付的医疗救助支出从试点实施初期3亿元左右逐步增加到2017年的177.9亿元，中央财政在推动医疗救助制度的发展中发挥了积极作用，试点初期中央财政转移支付所占比重曾经高达90%以上，随着城乡医疗救助制度在全国范围推广实施，地方政府责任被予以强调，尽管中央财政转移支付总额仍然在逐步增加，2015年转移支付金额为164亿元，但所占比重到2015年已经下降到54%，2017年中央财政转移支付所占比重进一步下降到47.3%。从预算结构来看，2015年中央财政预算占医疗救助总预算的53.7%，与实际支出结构基本一致，省级财政预算比重为19%，市级财政预算比例仅为4.3%，县级财政预算比重为23%。

城乡医疗救助制度统筹合并对筹资提出了更具体的要求。地方政府要根据救助对象数量、患病率、救助标准、医药费用增长情况，以及基本医疗保险、城乡居民大病保险、商业保险报销水平等，科学测算医疗救助资金需求，加大财政投入，鼓励和引导社会捐赠，健全多渠道筹资机制。除了中央财政转移支付之外，县级财政要根据测算的资金需求和上级财政补助资金情况，合理安排本级财政医疗救助资金，并纳入年度预算，省级和地市级财政应加大对本行政区域内经济困难地区的资金补助力度。

表12　　民政部门实施的医疗救助情况（2004—2017年）

年份	直接医疗救助（万人次）	住院救助（万人次）	门诊救助（万人次）	资助参加城市医疗保险（万人）	资助参加农村合作医疗（万人）	医疗救助支出（亿元）
2004	121.1				552.6	3.2
2005	199.6				654.9	7.8
2006	201.3				1317.1	21.2
2007	819.1				2517.3	42.5
2008	1203.1			642.6	3432.4	86.5
2009	1140.4			1095.9	4059.1	128.1
2010	1479.3			1461.2	4615.4	157.8
2011	2144.0			1549.8	4825.3	216.3
2012	2173.7	1141.4	1032.3	1387.1	4490.4	230.6

续表

年份	直接医疗救助（万人次）	住院救助（万人次）	门诊救助（万人次）	资助参加城市医疗保险（万人）	资助参加农村合作医疗（万人）	医疗救助支出（亿元）
2013	2126.4	1074.0	1052.4	1490.1	4868.7	257.4
2014	2395.3	1106.6	1288.7	1702.0	5021.7	284.0
2015	2515.9	1204.3	1311.6	6213.0		303.7
2016	2696.1	1194.9	1501.2	5560.4		332.3
2017	3517.1	1577.5	1939.5	5621.0		376.2

注：这里的医疗救助指民政部门认定并实施的医疗救助，不包括民政部门认定、有关方面实施的医疗救助。

数据来源：根据《中国民政统计年鉴》（历年）相关数据整理得到。

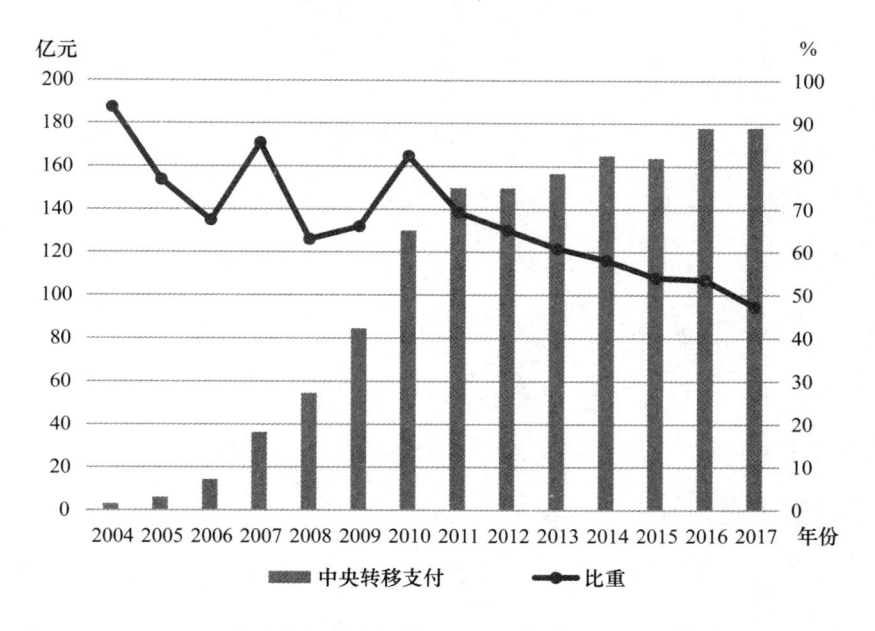

图7 中央转移支付医疗救助资金及其比重（2004—2017年）

数据来源：根据《中国民政统计年鉴》（历年）相关数据整理得到。

表 13　　　　医疗救助的资金预算与支出结构（2015 年）

	预算资金（亿元）	预算结构（%）		财政支出（亿元）	支出结构（%）
总额	303.6	100	总额	303.7	100
中央财政	163.0	53.7	直接医疗救助	214.5	70.6
地方财政	140.5	46.3	门诊救助	23.8	7.8
省级	57.7	19.0	住院救助	190.9	62.9
市级	13.1	4.3	资助参加农村合作医疗	36.8	12.1
县级	69.8	23.0	资助参加城市医疗保险	17.7	5.8
			优抚医疗补助	34.6	11.4

数据来源：根据《中国民政统计年鉴（2016 年）》相关数据整理得到。

（四）教育救助

目前中国尚未出台全国性的教育救助法规或条例，但针对不同教育阶段的救助政策在逐步完善。教育救助对象以贫困和低收入家庭为主，但考虑到教育的重要性和公共物品属性，资助对象也逐步增多，部分政策从特定群体转变为普惠性的政策，例如义务教育阶段和中职教育的资助政策。另外，部分教育资助项目的对象也包括非贫困和低收入家庭，例如高等教育阶段的奖学金、助学金也资助部分普通家庭的优秀学生，因此，教育资助与教育救助范围存在一定的差别。

教育救助体系初步建立，救助力度逐步提升。2014 年开始，对中等职业学校全日制正式学籍一、

二、三年级在校生中所有农村（含县镇）学生、城市涉农专业学生和家庭经济困难学生免除学费，到2015年全国已经有17个省（市、区）实现中职学生全部免学费。2015年普通高中和中等职业学校国家助学金资助标准从每生每年1500元提高到每生每年2000元，普通高中免学费政策也在逐步推进。高等教育本专科生国家助学贷款最高标准限额由6000元提高到8000元，研究生国家助学贷款最高限额由6000元提高到12000元，国家助学贷款还款期限延长至学制加13年，并对特殊困难家庭的毕业借款学生给予救助。2017年春季学期开始，地方高校博士研究生国家助学金标准提高至每人每年不低于13000元，中央高校博士研究生国家助学金标准提高至每人每年不低于15000元。2018年9月开始，高等学校勤工助学酬金标准由每小时不低于8元提高至不低于12元。学前教育阶段的资助政策也在加快完善，按照"地方先行、中央补助"的原则，地方政府对普惠性幼儿园在园家庭经济困难儿童、孤儿和残疾儿童予以资助。中国已经建立起了以政府为主导、学校和社会积极参与的覆盖学前教育至研究生教育的学生资助政策体系，实现了"三个全覆盖"，即各个学段全覆盖、公办民办学校全覆盖、家庭经济困难学生全覆盖。

教育救助的资金投入由中央财政和地方财政共同

承担。根据地区经济发展水平和财政负担能力，中央和地方负担比例有所不同，义务教育阶段免学杂费补助，一般情况中央和地方分担比例分别为：西部地区8∶2；中部地区6∶4；东部地区除直辖市外，按照地方财力状况，分省确定中央和地方分担比例。对贫困学生提供的免费教科书资金，中西部地区由中央财政全额承担，东部地区由地方自行承担；对贫困寄宿学生提供的生活费补助，由地方承担。社会捐助是教育救助资金筹集的重要来源之一，主要包括社会团体集资、单位集体集资、个人捐赠、海内外侨胞和港澳台胞的捐资、国际组织的捐赠以及教育基金。

教育救助覆盖范围逐步扩大，资助人数和资助金额逐步增长。根据教育部发布的《中国学生资助发展报告》显示，2008年全国各类教育资助（包括学前教育、义务教育、中职学校、普通高中和普通高校学生资助，不包括义务教育免费教科书、营养改善计划资助）人次达7278万人次，2018年增长到9801万人次，资助金额也相应地从619亿元，逐步提高到2043亿元，增长了2.3倍。2008—2018年累计资助金额达到1.4万亿元左右。同时，2016年全国约1.28亿学生享受国家免费教科书政策，6827万学生享受地方免费教科书政策，中央及地方各级财政共计投入国家免费教科书资金约204亿元。

表14　　　　　　教育资助人次和资助金额（2008—2018年）

年份	资助人次数（万人次）	资助金额（亿元）
2008	7278	619
2009	6519	694
2010	7978	853
2011	8075	979
2012	8413	1126
2013	7996	1185
2014	8544	1421
2015	8433	1560
2016	9126	1689
2017	9590	1882
2018	9801	2043

注：包括各学龄阶段、各种类型奖学金、助学金、贷款、贷款代偿、师范生减免等。资金来源包括中央财政拨款、地方财政、社会资助、校内自筹等各种渠道。

数据来源：根据教育部发布的《中国学生资助发展报告（2008—2018年）》相关统计资料整理得到。

表15　　　　　　不同类型的教育资助情况（2013—2018年）

年份	指标	学前教育	义务教育	中职学校	普通高中	普通高校
2013	金额（亿元）	40.6	168.5	294.6	107.4	574.1
	比重（%）	3.4	14.2	24.9	9.1	48.4
2014	金额（亿元）	52.8	173.6	362.9	115.1	716.9
	比重（%）	3.7	12.2	25.5	8.1	50.5
2015	金额（亿元）	53.6	173.2	346.2	139.3	848.0
	比重（%）	3.4	11.1	22.2	8.9	54.4
2016	金额（亿元）	68.2	165.1	332.1	167.5	955.8
	比重（%）	4.0	9.8	19.7	9.9	56.6

续表

年份	指标	学前教育	义务教育	中职学校	普通高中	普通高校
2017	金额（亿元）	93.2	179.1	365.3	193.8	1050.7
	比重（%）	5.0	9.5	19.4	10.3	55.8
2018	金额（亿元）	111.9	191.0	400.0	189.8	1150.3
	比重（%）	5.5	9.3	19.6	9.3	56.3

数据来源：根据教育部发布的《中国学生资助发展报告（2013—2018年）》相关统计资料整理得到。

财政投入是教育救助资金的主要来源渠道，约占全部教育资助经费的2/3。2014年全部教育资助经费中各级财政投入比重约达70%，随着筹资渠道多元化，财政投入比重有所下降。到2016年，全部资助总额中财政投入达1109亿元，占当年资助总额比例为65.7%，较上年增长5.5%。其中，中央财政579亿元，占资助总额的34.3%，地方财政530亿元，占资助总额的31.4%。到2018年，各级财政投入占资助总额的比重下降到63.2%，其中，中央财政和地方财政占比分别为33.1%和30.1%。

学校、社会和金融机构是教育资助经费的补充渠道。2016学校从事业收入中支出219亿元，占资助总额的13%，金融机构提供的国家助学贷款共263亿元，占资助总额的15.6%；社会团体、企事业单位和个人捐助等资助资金共97亿元，占资助总额的5.7%，到2018年，学校资金和社会资金占资助总额比重分别提高到14.3%和6.6%。

义务教育阶段经费由国家教育经费保障，同时，面向中职教育和高等教育等非义务教育阶段的救助力度也进一步增强。2016年学前教育共计资助幼儿619万人，其中政府资助585万人，政府资助金额为66.2亿元，占到学前教育资助总额的97.1%。中职学校资助1503万人次，资助金额为332.1亿元，其中国家免学费和助学金资助金额分别为200亿元和50亿元，顶岗实习资助71亿元，政府资助金额占中职学校教育资助总额的77.2%。普通高中资助学生1158万人次，资助金额为167.5亿元，全国498万普通高中生享受国家助学金政策，144万普通高中学生享受建档立卡等家庭困难学生免学杂费政策。普通高校资助学生4282万人次，资助金额达955.8亿元，高等教育资助体系呈现多元化特征，各级财政投入469.4亿元，占到高等教育资助总额的49.1%，高校事业收入和金融机构贷款投入资金比重分别占到21.4%和27.5%，到2018年各级财政在高等教育资助总额中的比重进一步下降到46.1%。

表16　　　　　教育资助的经费来源结构　　　　　单位：%

	2014年	2016年	2018年
中央财政	36.5	34.3	33.1
地方财政	33.2	31.4	30.1

续表

	2014 年	2016 年	2018 年
学校资金	13.1	13.0	14.3
助学贷款	11.8	15.6	15.9
社会资金	5.6	5.7	6.6

数据来源：根据教育部发布的《中国学生资助发展报告》(2014 年、2016 年和 2018 年）相关统计资料整理得到。

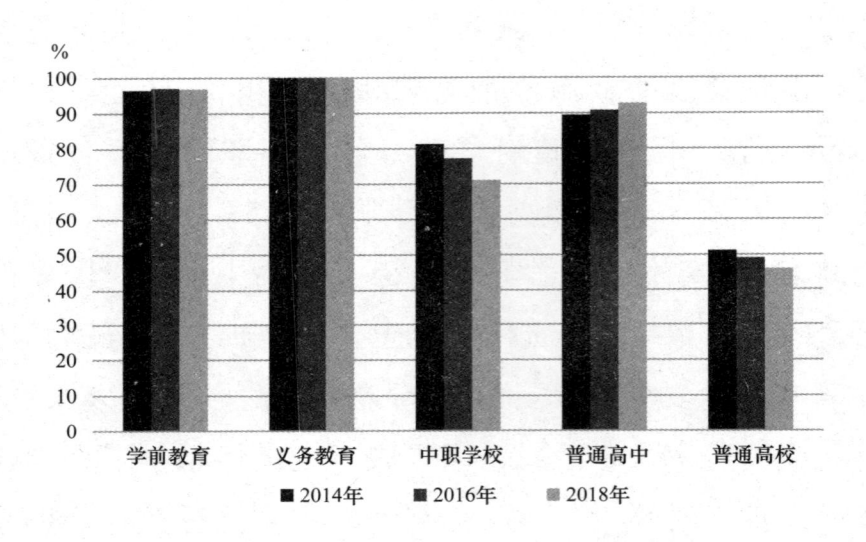

图 8 不同教育阶段教育资助中政府财政资助占比

数据来源：根据教育部发布的《中国学生资助发展报告》(2014 年、2016 年和 2018 年）相关统计资料整理得到。

（五）住房救助

住房救助主要通过配租公共租赁住房、发放低收入住房困难家庭租赁补贴、农村危房改造等方式实施住房救助。但是，住房救助涉及大规模的住宅投资，筹资来源也更复杂，通常在中央和地方财政直接投资的基础上，通过土地、财税、金融等政策建立投入机制，引导社会力量参与保障性安居工程建设和运营。根据规定，土地出让收益用于保障性住房建设和棚户区改造的比例不低于10%，地方政府债券优先用于保障性安居工程建设，住房公积金增值收益在提取贷款风险准备金和管理费用后，全部用于廉租住房和公共租赁住房建设。对保障性安居工程建设和运营给予税费优惠，免收各种行政事业性收费和政府性基金。建设用地方面优先保证保障性住房用地，支持保险资金、信托资金、房地产信托投资基金等投资保障性安居工程建设和运营。

住房救助涉及房地产投资建设，短期来看投入资金量很大，但被救助对象的受益周期很长。"十二五"时期中国住房保障事业快速发展，各类保障性住房支出大幅增加，全国财政支出决算数据显示，广义上的住房救助投入（即保障性安居工程支出）2014年已经达到3428.6亿元，较2009年增长了3.7倍多。其中，廉租房和公共租赁房财政投入分别达到175.6亿元和715.1亿元，保障性住房租金补贴为51亿元，农村危房改造投入375.9亿元，这几项救助措施是《社会救助暂行办法》规定的主要城乡住房救助方式，2014年共计投入1317.6亿元，占到保障性安居工程支出总额的38.4%。

廉租房曾经是最重要的住房救助手段，2011年廉租房财政投入达到840.3亿元，随后的年份逐渐削减，2014年财政投入下降到175.6亿元，廉租房财政投入占比也从2009年的64%逐渐下降到2014年5.1%。相应的公共租赁房财政投入力度加大，从2011年的645亿元逐渐增加到2014年的715.1亿元，所占比重保持在25%左右，2014年开始廉租房逐渐并入公共租赁房。

进入到"十三五"时期，住房救助主要有公共租赁住房、城镇棚户区住房改造以及农村危房改造三种方式，救助对象和救助主体责任进一步明确。公共租赁住房对象包括符合条件的城镇低收入住房困难家庭、城镇中等偏下收入住房困难家庭、新就业无房职工、城镇稳定就业的外来务工人员，制度上覆盖了外地户籍的常住人口，保障方式发生变化，实行实物保障与货币补贴并举的方法，推进公租房货币化，支持保障对象通过市场租房，逐步加大租赁补贴发放力度，市、县财政负责，中央和省级财政给予资金补助。城镇棚户区住房改造救助对象是符合条件的城镇居民，采用实物安置和货币补偿相结合的措施，计划"十三五"期间全国开工改造包括城市危房、城中村在内的各类棚户区住房2000万套，资金渠道包括政府补助、企业资金和住户自有资金。农村危房改造对象包括居住在危房中的建档立卡贫困户、分散供养特困人员、低保户、贫困残疾人家庭等贫困农户，计划"十三五"期间全国开工改造各类农村危房585万套，资金由地方政府负责，中央财政给予资金补助。

"十三五"时期住房保障事业继续稳步发展，住房救助投入相对稳定。2016年保障性安居工程支出增加到4390.9亿元的高峰，随后两年有所减少，2018年减少到3697.5亿元。支出项目结构发生变化，廉租房和公共租赁房财政投入明显减少，2018年分别减少到38.6亿元和329.6亿元，两者投入占保障性安居工程支出总额的比例从2014年的26%下降到2018年的10%。

城镇棚户区改造和农村危房改造成为住房救助的重要方式。2009年试点开展扩大农村危房改造工程，补助标准也逐年提高，从每户5000元逐步提高到2012年的7500元，2013年贫困地区的补助标准进一步提高到8500元。棚户区改造成为解决城镇住房困难群体住房难问题的重要措施，2014年财政投入达886.9亿元，占到保障性安居工程支出总额的25.9%。"十三五"期间棚户区改造成为住房保障事业的重点任务，城镇棚户区改造和农村危房改造两类住房救助政策的财政投入占保障性安居工程总支出比重从2009年的24%逐步提高到2014年的36.8%，2018年两项住房救助的财政投入达2124.7亿元，占保障性安居工程总支出的比重提高到57.5%。

表17　全国住房救助投入及其结构（2009—2018年）

年份	2009	2010	2011	2012	2013	2014	2015	2016	2017	2018
住房保障支出	1803.4	2376.9	3820.7	4479.6	4480.6	5043.7	5797.2	6776.2	6552.5	6806.4
保障性安居工程支出	726.2	1228.7	2609.5	3148.8	3013.3	3428.6	3907.4	4390.9	3791.6	3697.5
其中：廉租住房	464.7	689.6	840.3	596.9	389.9	175.6	119.6	84.8	46.0	38.6
沉陷区治理	22.4	7.3	7.4	8.5	4.3	5.1	14.9	22.4	4.3	5.8
棚户区改造	113.7	231.3	555.1	580.1	713.1	886.9	1289.7	1722.4	1684.8	1667.8
少数民族地区游牧民定居工程	29.8	37.3	32.3	47.3	38.8	12.5	1.0	9.3	6.4	1.1
农村危房改造	60.3	138.8	256.4	497.6	381.6	375.9	536.0	445.8	419.3	456.9
公共租赁住房			645.0	858.6	789.9	715.1	639.4	597.4	390.7	329.6
保障性住房租金补贴				25.5	31.0	51.0	49.9	62.7	59.9	53.2
其他保障性安居工程	35.1	124.4	273.1	534.5	664.7	1206.4	1256.8	1446.0	1180.0	1144.0

注：住房保障支出除了保障性安居工程支出之外，还包括住房改革支出和城乡社区住宅支出两大项。

数据来源：根据财政部公布的《全国财政支出决算表（2009—2018年）》整理得到。

（六）就业救助

公共财政用于就业救助的投入逐步增加，公益性岗位补贴、社会保险补贴和小额担保贷款贴息是主要的就业救助方式。就业救助支出方式可以分为两类，一类是直接面向被救助对象的支出，如职业培训补贴、社会保险补贴、小额担保贷款贴息等，另一类不直接补贴被救助对象，而是通过支持培训机构、职业介绍机构、执业技能鉴定机构等，间接地扶持被救助对象。中国政府将就业视为民生之本，并明确提出了就业优先战略，各类特定群体的就业救助投入在逐步增加。

全国各级财政用于就业补助的资金从2009年的511.4亿元逐渐增加到2015年的870.9亿元，增长了70.3%。其中，公益性岗位补贴、社会保险补贴和小额担保贷款贴息直接面向就业困难人员，2015年财政投入分别为151亿元、106.9亿元和83.6亿元，3项合计投入占就业补助总额的39.2%，若将职业培训补贴、职业介绍补贴、补充小额贷款担保基金和职业技能鉴定补贴考虑在内，这些直接面向救助对象的补贴项目累计达到400亿元，约占就业补助总额的50%。这些就业救助项目的受益群体不仅包括一般意义上的就业

表18 就业补助的投入与结构（2009—2018年）

年份	2009	2010	2011	2012	2013	2014	2015	2016	2017	2018
就业补助	511.4	624.9	670.4	736.5	822.6	870.8	870.9	785.0	817.4	845.2
其中：职业培训补贴	42.5	53.9	49.0	42.5	46.7	42.7	38.7	40.7	36.0	33.1
职业介绍补贴	4.3	5.0	3.8	6.0	5.6	7.1	5.1			
社会保险补贴	99.6	124.3	100.2	101.4	98.3	113.7	106.9	98.0	106.3	109.63
公益性岗位补贴	56.9	74.8	85.0	113.1	125.9	144.1	151.0	156.8	170.2	189.91
小额担保贷款贴息	13.7	24.6	49.7	67.2	105.8	111.8	83.6			
补充小额担保基金	8.5	9.2	13.9	13.1	14.1	10.5	13.8			
职业技能鉴定补贴	1.3	1.6	1.5	1.7	1.1	1.2	0.9	1.4	1.5	1.9
扶持公共就业服务	28.0	22.9	30.5	32.6	33.6	36.9	38.7	38.0	46.5	44.5
特定就业政策支出	19.2	19.3	17.4	11.8	9.3	4.3	3.7	1.7		
就业见习补贴			2.0	2.2	3.7	4.3	3.3	5.2	4.9	5.5
高技能人才培养补贴					6.1	6.5	10.7	5.3	7.5	9.6
求职（创业）补贴						0.8	1.3	3.4	3.7	5.3
其他就业补助支出	237.1	289.5	317.3	345.1	372.3	386.7	409.9	434.7	440.8	445.8

注：按照财政部对就业补助支出的分类，部分类别救助对象不属于就业困难人员，如高技能人才培养补助。直接与就业救助对象关联的补助项目包括职业培训补贴、职业介绍补贴、社会保险补贴、公益性岗位补贴、小额担保贷款贴息、补充小额担保基金、职业技能鉴定补贴。2016年之后"扶持公共就业服务"项目名称变更为"就业创业服务补贴"，"求职补贴"项目名称变更为"求职（创业）补贴"。

数据来源：根据财政部公布的《全国财政支出决算表（2009—2018年）》整理得到。

困难人员，还包括高校毕业生、城乡未继续升学的应届初高中毕业生以及农村转移劳动者。

"十三五"期间就业补助投入保持基本稳定，2018年全国就业补助资金为845.2亿元，较2015年略有下降。就业补助的项目结构发生变化，2018年直接与就业救助对象关联的补助项目资金为334.6亿元，占全部就业补助资金的39.6%，较2015年（46.3%）下降了6.7个百分点。2018年"其他就业补助支出"达445.8亿元，占就业补助资金的52.7%，这类支出的救助内容和对象有待明确。

（七）临时救助

农村最低生活保障制度建立并逐步完善，临时救助作为补充性的救助方式，救助人次逐步减少。2008年农村临时救助达到831万人次，2011年下降到约600万人次，2016年农村临时救助达343.1万户次。与此同时，农村传统救助作为一项补充的救助方式，救助对象和规模也基本稳定，每年救助人次约为70万人，2016年农村传统救助达61万人。城市临时救助制度逐步完善，救助人次也有所增加。2009年城市临时救助人次只有62.2万人次，2016年城市临时救助达180.7万户次。

临时救助资金主要依靠地方政府筹集。2014年全年支出临时救助资金57.6亿元，临时救助平均每户次补助水平为885元，之前年份没有中央转移支付支出，2014年国家正式提出在全国范围建立临时救助制度，明确了各级政府的筹资责任，2014年中央转移支付临时救助资金为32亿元，占到临时救助总支出的56%，2015年中央转移支付临时救助资金增加到41亿元。中央财政在临时救助制度中发挥重要作用，有助于推动全国范围内临时救助制度的发展。2018年，全国共实施临时救助1108万人次，其中，救助非本地户籍对象9.4万人次，全年支出临时救助资金达130.6亿元，平均救助水平1178.8元/人次。

表19　　　　　临时救助与传统救助情况（2006—2018年）

年份	临时救助（万人次）	城市临时救助（万人次）	农村临时救助（万人次）	农村传统救助（万人）
2006				116
2007			646.0	75
2008			831.0	72
2009	608.6	62.2	546.4	62
2010	766.4	153.0	613.4	60
2011	886.9	290.1	596.8	69
2012	639.8	256.6	383.2	80
2013	698.0	323.0	375.0	73
2014	650.7	333.5	317.2	75

续表

年份	临时救助（万人次）	城市临时救助（万人次）	农村临时救助（万人次）	农村传统救助（万人）
2015	655.4			64
2016	850.7			60
2017	970.3			
2018	1108.0			

注：2012年开始临时救助按照家庭为单位统计，即单位为万户次。2015年之后不再分城乡统计救助人次。

数据来源：根据《中国民政统计年鉴》（历年）相关数据整理得到。

（八）灾害救助

自然灾害具有较强的不确定性，灾害救助支出也存在较大波动。长期以来中国每年受灾人口多达4亿人次左右，直接经济损失每年约在3000亿元左右，自然灾害突发性强、不确定性大，灾害损失和救助需求年际间波动大。2008年"5.12汶川地震"在这方面表现明显，当年受灾人次达4.8亿，直接经济损失达1.2万亿元，为应对这一突发灾害，当年的灾害救助支出激增至610亿元，超过前10年灾害救助支出的总额。

中央财政承担了自然灾害救助的主要任务，中央财政转移支付约占灾害救助总支出的2/3。自然灾害救助应急性较强，2010年《自然灾害救助条例》颁布之前，地方政府没有强制要求将救灾支出列入财政预算，中央财政承担主要的应急救助任务，中央财政转移支付占灾害救助支出的比重超过60%。2010年之后尽管地方政府将救灾支出列入财政预算，原则上要求以地方为主建立中央和地方救灾资金分担机制，但中央财政转移支付占比基本稳定，2014年中央财政转移支付占比达77.4%，之后年份有所下降，2017年这一比重为65.5%。从预算结构来看，2015年全国自然灾害救助预算资金达142.4亿元，中央财政预算资金比重达64.7%，省级财政预算资金比重为21.1%，县级财政预算资金比重只有9.6%，中央财政仍然承担着自然灾害救助的主要责任，当然这一定程度上符合自然灾害不确定性、应急性的特征。

生活救济费是自然灾害救助支出的主要构成。根据规定，自然灾害救助款物主要用于受灾人员的紧急转移安置、基本生活救助、医疗救助、教育和医疗等公共服务设施和住房的恢复重建，自然灾害救助物资的采购、储存和运输，以及因灾遇难人员亲属的抚慰等。2015年自然灾害救助实际支出148.5亿元，完成了预算资金的104.3%，其中，生活救济费支出92.1亿元，所占比重为62%，灾后重建补助支出30.4亿元，占比为20.5%，其余部分资金用于转移灾民、救助储备以及其他支出。

表 20　　　　自然灾害与救助支出情况（1996—2018 年）

年份	受灾人口（万人次）	直接经济损失（亿元）	自然灾害救助（亿元）	中央转移支付（亿元）
1996	32305	2882	30.8	21.5
1997	47886	1975	28.7	22.0
1998	35216	3007	41.2	24.8
1999	35319	1962	35.6	22.0
2000	45652	2045	35.2	22.0
2001	37256	1942	41.0	30.2
2002	37842	1717	40.0	24.3
2003	49746	1884	52.9	40.5
2004	33921	1602	51.1	32.0
2005	40654	2042	62.6	43.1
2006	43453	2528	79.0	49.4
2007	39778	2363	79.8	49.9
2008	47795	11752	609.8	478.4
2009	47934	2524	199.2	174.7
2010	42610	5340	237.2	103.7
2011	43290	3096	128.7	84.0
2012	29422	4186	163.4	112.7
2013	38819	5808	178.8	101.9
2014	24354	3374	124.4	96.3
2015	18620	2704	148.5	94.6
2016	18912	5033	156.1	79.1
2017	14448	3019	128.0	83.9
2018	13000	2645		

数据来源：根据《中国民政统计年鉴》（历年）和国家应急管理部公布的相关数据整理得到。

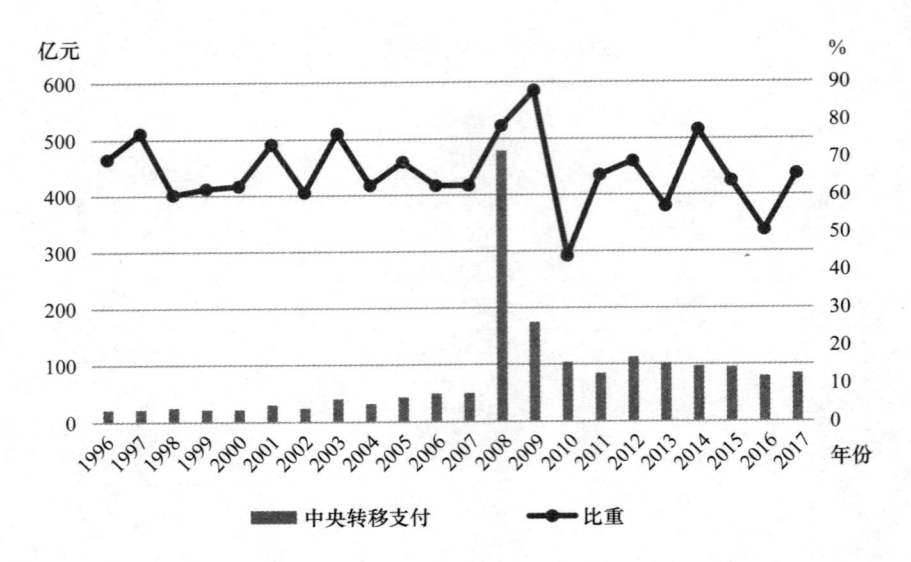

图9 中央转移支付灾害救助资金及其比重（1996—2017年）

数据来源：根据《中国民政统计年鉴》（历年）相关数据整理得到。

表21　　　　　　　　　灾害救助的资金预算与支出结构（2015年）

	预算资金（亿元）	预算结构（%）		财政支出（亿元）	支出结构（%）
总额	142.4	100	总额	148.5	100
中央财政	92.2	64.7	生活救济费	92.1	62.0
地方财政	50.2	35.3	抢救安置转移灾民	8.5	5.7
省级	30.1	21.1	救助储备	6.7	4.5
市级	6.5	4.6	灾后重建补助	30.4	20.5
县级	13.6	9.6	其他救助	10.8	7.3

数据来源：根据《中国民政统计年鉴（2016年）》相关数据整理得到。

四 社会救助水平与结构特征

（一）社会救助支出总体水平

中国社会救助体系经历了探索试点和政策调整，初步形成了以8个救助项目为主的救助体系，但目前不同救助项目的目标对象、救助方式、筹资来源仍然存在较大差异，对应的政府职能部门也不同。为了更清楚地理解中国社会救助支出水平，可以从以下三个不同层次和范围去观察。

第一层次，最低生活保障制度是目前社会救助体系最核心的构成内容，包括城市和农村最低生活保障，通过直接观察低保的覆盖范围和保障水平能够理解社会救助状况。2016年城乡最低生活保障支出达1702.4亿元，占当年GDP的比重为0.23%，占当年公共财政支出的比重为0.91%。2018年城乡最低生活保障支出略有下降，为1632.1亿元，占当年GDP的比重为0.18%，占当年公共财政支出的比重为0.74%。

第二层次,"民政社会救助"是民政部门界定和组织实施的社会救助项目,除了最低生活保障制度之外,还包括特困人员供养、医疗救助、临时救助及其他社会救助,通过观察民政社会救助能够相对更广泛地理解社会救助状况。2016年民政社会救助支出达2492.8亿元,占当年GDP的比重为0.34%,占当年公共财政支出的比重为1.33%。2018年民政社会救助支出为2534.2亿元,占当年GDP和公共财政支出的比重分别为0.28%和1.15%。

第三层次,广义的社会救助体系包括民政社会救助项目、自然灾害救济、教育救助、住房救助和就业救助等8大类,通过观察社会救助体系能够更全面地观察社会救助状况。在不考虑救助方式(直接救助与间接救助)和资金投入周期差异(每年连续救助与一次性救助)的情况下,2016年各类社会救助财政总投入达8934.1亿元,占当年GDP比重的1.20%,占当年公共财政支出的比重为4.76%。2016年各类社会救助财政总投入略有下降,为8494.6亿元,占当年GDP和公共财政支出的比重分别为0.94%和3.85%。

过去20年来,中国社会救助体系建设步伐加快,财政投入不断增加,社会救助支出不断增长,不管以GDP总量,还是以公共财政支出作为参照,中国社会救助支出水平总体上呈现出逐步提高的趋势。以GDP

表22　中国社会救助支出水平（1996—2018年）　　　　　　　　　　单位：亿元

年份	城市低保	农村低保	城乡低保	农村五保	医疗救助	民政社会救助	自然灾害救助	教育救助	政府教育救助	住房救助	就业援助	社会救助财政投入
1996	3.0		3.0			3.0	30.8					
1997	2.9		2.9			2.9	28.7					
1998	7.1		7.1			7.1	41.2					
1999	13.8		13.8			13.8	35.6					
2000	21.9		21.9			21.9	35.2					
2001	41.6		41.6			41.6	41.0					
2002	108.7		108.7			108.7	40.0					
2003	153.1		153.1			153.1	52.9					
2004	172.7	47.7	220.4		3.2	223.6	51.1					
2005	191.9	79.9	271.8		7.8	279.6	62.6					
2006	224.2	126.6	350.8		21.2	372.0	79.0					
2007	277.4	109.1	386.5	62.7	42.5	509.7	79.8					
2008	393.4	228.7	622.1	73.3	86.5	806.7	609.8	619.0	433.3	231.8	414.6	2496.1

续表

年份	城市低保	农村低保	城乡低保	农村五保	医疗救助	民政社会救助	自然灾害救助	教育救助	政府教育救助	住房救助	就业援助	社会救助财政投入
2009	482.1	363.0	845.1	87.3	128.1	1098.1	199.2	694.0	485.8	726.2	511.4	3020.7
2010	524.7	445.0	969.7	96.4	157.8	1302.0	237.2	853.0	597.1	1228.7	624.9	3989.9
2011	659.9	667.7	1327.6	123.5	216.3	1766.3	128.7	979.0	685.3	2609.5	670.4	5860.2
2012	674.3	718.0	1392.3	144.7	230.6	1866.1	163.4	1126.0	788.2	3148.8	736.5	6703.0
2013	756.7	866.9	1623.6	174.3	257.4	2172.4	178.8	1185.0	829.5	3013.3	822.6	7016.5
2014	721.7	870.3	1592.0	207.7	284.0	2197.5	124.4	1421.0	989.6	3428.6	870.8	7610.8
2015	685.0	911.6	1596.6	208.0	303.7	2126.7	101.3	1560.3	1052.0	3907.4	870.9	8058.3
2016	687.9	1014.5	1702.4	237.3	332.3	2492.8	156.1	1689.0	1109.2	4390.9	785.0	8934.0
2017	640.5	1051.8	1692.3	290.5	376.2	2609.8	128.0	1882.0	1223.3	3791.6	817.4	8570.1
2018	575.2	1056.9	1632.1	306.9	469.7	2534.2	126.5	2043.0	1291.2	3697.5	845.2	8494.6

注：①民政社会救助指民政部门组织管理实施的社会救助项目，包括最低生活保障制度，特困人员供养，医疗救助，临时救助以及传统救助，不包括自然灾害救助。②社会救助财政投入＝民政社会救助＋自然灾害救助＋政府教育救助＋住房救助＋就业援助。其中，住房救助指保障性住房支出，包括住房投资支出。

表23　中国社会救助支出占当年GDP比重（1996—2018年）

单位：%

年份	城市低保	农村低保	城乡低保	农村五保	医疗救助	民政社会救助	自然灾害救助	教育救助	政府教育救助	住房救助	就业援助	社会救助财政投入
1996	0.004		0.004			0.004	0.043					
1997	0.004		0.004			0.004	0.036					
1998	0.008		0.008			0.008	0.049					
1999	0.015		0.015			0.015	0.039					
2000	0.022		0.022			0.022	0.035					
2001	0.038		0.038			0.038	0.037					
2002	0.090		0.090			0.090	0.033					
2003	0.112		0.112			0.112	0.039					
2004	0.107	0.030	0.137		0.002	0.139	0.032					
2005	0.103	0.043	0.146		0.004	0.150	0.034					
2006	0.103	0.058	0.161		0.010	0.171	0.036					
2007	0.103	0.041	0.144	0.023	0.016	0.190	0.030					
2008	0.124	0.072	0.196	0.023	0.027	0.255	0.193	0.195	0.137	0.073	0.131	0.788

续表

年份	城市低保	农村低保	城乡低保	农村五保	医疗救助	民政社会救助	自然灾害救助	教育救助	政府教育救助	住房救助	就业援助	社会救助财政投入
2009	0.139	0.105	0.245	0.025	0.037	0.318	0.058	0.201	0.141	0.210	0.148	0.874
2010	0.128	0.109	0.237	0.024	0.039	0.318	0.058	0.209	0.146	0.300	0.153	0.976
2011	0.136	0.138	0.274	0.026	0.045	0.365	0.027	0.202	0.142	0.539	0.138	1.210
2012	0.126	0.134	0.261	0.027	0.043	0.349	0.031	0.211	0.148	0.590	0.138	1.255
2013	0.129	0.147	0.276	0.030	0.044	0.369	0.030	0.202	0.141	0.512	0.140	1.193
2014	0.113	0.137	0.250	0.033	0.045	0.346	0.020	0.223	0.156	0.539	0.137	1.197
2015	0.101	0.135	0.236	0.031	0.045	0.314	0.015	0.231	0.155	0.577	0.129	1.191
2016	0.092	0.136	0.229	0.032	0.045	0.335	0.021	0.227	0.149	0.590	0.105	1.201
2017	0.078	0.128	0.206	0.035	0.046	0.318	0.016	0.229	0.149	0.462	0.100	1.044
2018	0.064	0.117	0.181	0.034	0.052	0.281	0.014	0.227	0.143	0.411	0.094	0.944

注：①民政社会救助指民政部门组织管理实施的社会救助项目，包括最低生活保障制度、特困人员供养、医疗救助、临时救助以及传统救助，不包括自然灾害救助。②社会救助财政投入＝民政社会救助＋自然灾害救助＋政府教育救助＋住房救助＋就业援助。其中，住房救助指保障性住房投资支出，包括住房投资支出。

相对比重反映的财政投入强度来看,城乡最低生活保障支出占 GDP 比重从 2000 年前后的 0.02% 逐步提高到 2016 年的 0.23%,民政社会救助支出占 GDP 比重在 2000 年前后也只有 0.02%,2008 年提高到 0.26%,进入"十二五"时期则达到 0.3% 以上,更广义的社会救助财政支出占 GDP 比重在 2008 年为 0.79%,"十二五"时期提高到 1.2% 左右。以公共财政支出相对比重反映的社会救助支出水平也表现出类似的变动特征,城乡最低生活保障支出占公共财政的比重从 2000 年前后的 0.14% 逐步提高目前的近 1%,民政社会救助支出占公共财政的比重在 2000 年前后仅为 0.14%,2007 年提高到约 1%,"十二五"时期保持在 1.2% 以上,更广义的社会救助财政支出占公共财政的比重从 2008 年约 4% 逐步提高到目前的 5% 左右。

尽管社会救助体系财政支出逐步增加,但投入强度呈现出明显的阶段性特征。改革开放以来,社会救助支出总体上呈逐步上升趋势,根据张立彦观察 1978—2010 年民政部门社会救助的支出情况,大体可以分为三个阶段,1978—1994 年社会救助支出处于下降态势,支出占财政支出和 GDP 比重均处于历史低点,1995—2000 年处于低水平徘徊阶段,分税制改革为阻止社会救助支出下滑趋势发挥了积极作用,2001 年开始社会救助支出大幅快速增长,占财政支出和

GDP 比重也明显提高[①]。

但是，进入"十二五"时期后，社会救助体系财政投入强度没有延续之前的较快提升态势，已经陷入徘徊状态，甚至开始下降。"十二五"时期社会救助体系绝对投入水平总体保持增长，城乡最低生活保障等项目支出开始下降，但保障标准和补助水平仍然在提高。值得警惕的现象是，社会救助财政投入强度没有明显提高，最近几年甚至还出现了下降。例如，民政社会救助支出占 GDP 比重在 2013 年达到 0.37% 的高峰之后下降到 2018 年的 0.28%，民政社会救助支出占公共财政比重在 2011 年达到 1.62% 的高峰之后也开始逐步下降，2018 年已经下降到 1.15%，社会救助投入强度变化似乎进入扭转阶段，反映出社会救助体系的财政投入增长并没有赶上经济增长和财政支出增长的步伐，这与政府高度重视社会政策托底功能的导向并不相符。另外，社会救助体系财政支出强度仍然处于相对较低水平。财政部公布的《全国财政支出决算表》（历年）显示，即便广义的社会救助财政支出占全国公共财政支出的比重也仅为 5.0% 左右，相对于其他民生项目，其财政投入强度仍然较低。以 2014 年为例，教育、医疗卫生、社会保障和就业的财政支出占

---

① 张立彦：《政府社会救助支出存在的问题与对策》，《经济纵横》2013 年第 9 期。

全国财政总支出比重分别为 15.1%、6.7%、10.5%，均高于社会救助支出比重。

表 24 中国社会救助支出占 GDP 和公共财政支出的比重（1996—2018 年）　　单位：%

年份	占 GDP 比重 最低生活保障	占 GDP 比重 民政社会救助	占 GDP 比重 社会救助财政投入	占公共财政支出比重 最低生活保障	占公共财政支出比重 民政社会救助	占公共财政支出比重 社会救助财政投入
1996	0.004	0.004		0.038	0.038	
1997	0.004	0.004		0.031	0.031	
1998	0.008	0.008		0.066	0.066	
1999	0.015	0.015		0.105	0.105	
2000	0.022	0.022		0.138	0.138	
2001	0.038	0.038		0.220	0.220	
2002	0.090	0.090		0.493	0.493	
2003	0.112	0.112		0.621	0.621	
2004	0.137	0.139		0.774	0.785	
2005	0.146	0.150		0.801	0.824	
2006	0.161	0.171		0.868	0.920	
2007	0.144	0.190		0.776	1.024	
2008	0.196	0.255	0.788	0.994	1.289	3.988
2009	0.245	0.318	0.874	1.108	1.439	3.959
2010	0.237	0.318	0.976	1.079	1.449	4.439
2011	0.274	0.365	1.210	1.215	1.617	5.364
2012	0.261	0.349	1.255	1.105	1.482	5.322
2013	0.276	0.369	1.193	1.158	1.549	5.004

续表

年份	占GDP比重			占公共财政支出比重		
	最低生活保障	民政社会救助	社会救助财政投入	最低生活保障	民政社会救助	社会救助财政投入
2014	0.250	0.346	1.197	1.049	1.448	5.014
2015	0.236	0.314	1.191	0.908	1.210	4.585
2016	0.229	0.335	1.201	0.907	1.328	4.758
2017	0.206	0.318	1.044	0.833	1.285	4.220
2018	0.181	0.281	0.944	0.739	1.147	3.845

数据来源：城乡低保、社会救助、灾害救助数据根据《中国民政统计年鉴》（历年）相关数据整理得到，教育救助、就业救助和住房救助数据根据财政部公布的《全国财政支出决算表》（历年）整理得到，GDP数据来源于《中国统计年鉴（2018）》。

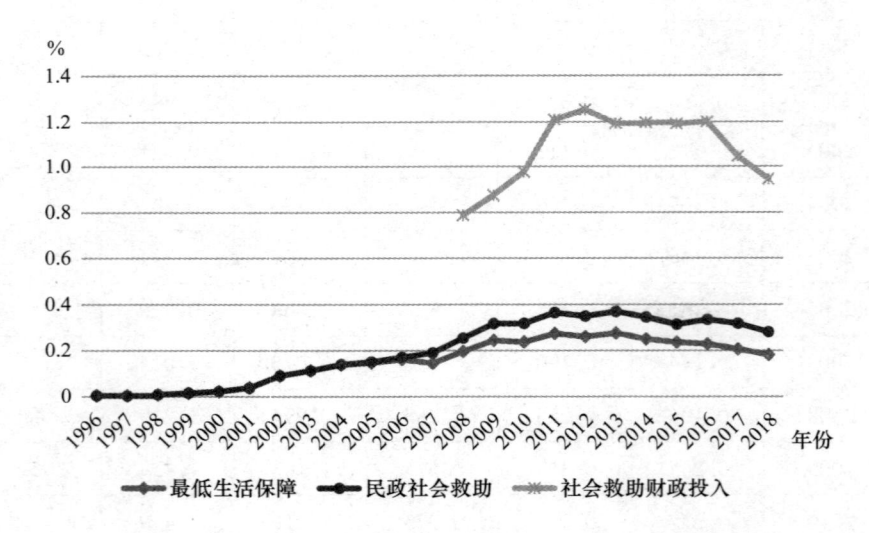

图10 中国社会救助支出占GDP比重（1996—2018年）

数据来源：城乡低保、社会救助、灾害救助数据根据《中国民政统计年鉴》（历年）相关数据整理得到，教育救助、就业救助和住房救助数据根据财政部公布的《全国财政支出决算表》（历年）整理得到，GDP数据来源于《中国统计年鉴（2018）》。

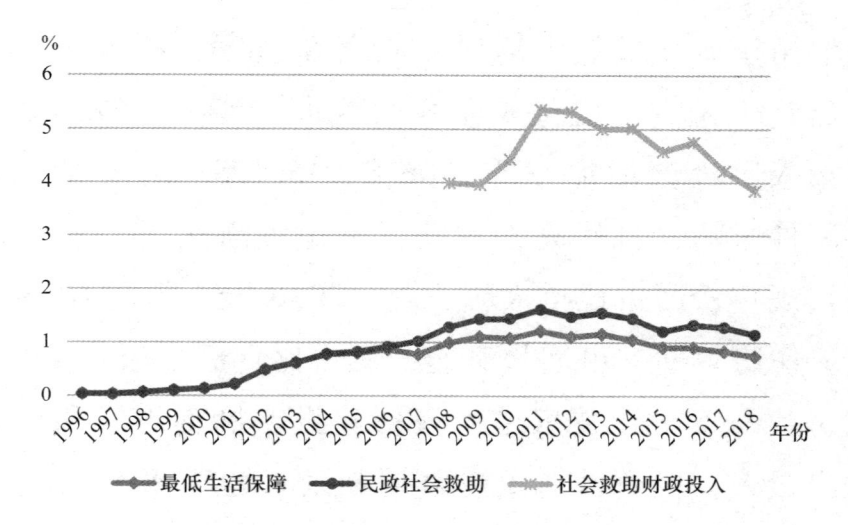

图 11　中国社会救助支出占全国公共财政支出比重（1996—2018 年）

数据来源：城乡低保、社会救助、灾害救助数据根据《中国民政统计年鉴》（历年）相关数据整理得到，教育救助、就业救助和住房救助数据根据财政部公布的《全国财政支出决算表》（历年）整理得到，公共财政支出数据来源于《中国统计年鉴（2018）》。

（二）社会救助支出的结构特征

随着中国社会救助体系投入力度的逐步增强，社会救助支出的内部结构也在发生明显变化。尤其是2008年以来，传统意义上的社会救助支出所占比重趋于稳定并有所下降，住房救助支出所占比重大幅提高，成为社会救助体系的重要构成。

民政社会救助投入所占比重降至不到30%。以城乡最低生活保障制度为核心的民政社会救助支出所占比重从2008年的32.3%下降到2018年的29.8%，这主要由于城乡最低生活保障制度在经历了覆盖面扩大之后趋于稳定,覆盖人数开始减少,其他类型救助项目投入则逐渐增加。受2008年"5.12汶川地震"突发事件影响,自然灾害救助支出比重高达24.4%,之后常规年份所占比重大幅下降,2016年下降到1.2%。

住房救助支出增长迅速,所占比重已经超过40%。住房救助支出涉及房地产投资建设,投资规模和财政支出很大,但救助对象受益周期很长,2008年住房救助支出占比仅为9.3%,随着"十二五"时期住房保障事业的快速发展,各类保障性住房支出大幅增加,到2018年住房救助支出占比已经提高到43.5%。教育救助和就业救助所占比重基本稳定,均保持在10%左右,2018年分别占到15.2%和9.9%。

住房救助不同于其他救助项目,除了住房租赁补贴之外,其他补助大多属于一次性补贴,长期受益,而且包含了基础设施和房地产建设投资,由此,直接累计估算当年社会救助支出,在统计口径上存在偏差。若不考虑住房救助项目,仅仅观察民政社会救助、自然灾害救助、教育救助和就业救助,从支出结构来看,民政社会救助支出约占50%,教育救助支出比重逐步提高,已经占到1/4,就业救助支出比重比较稳定,约占20%。

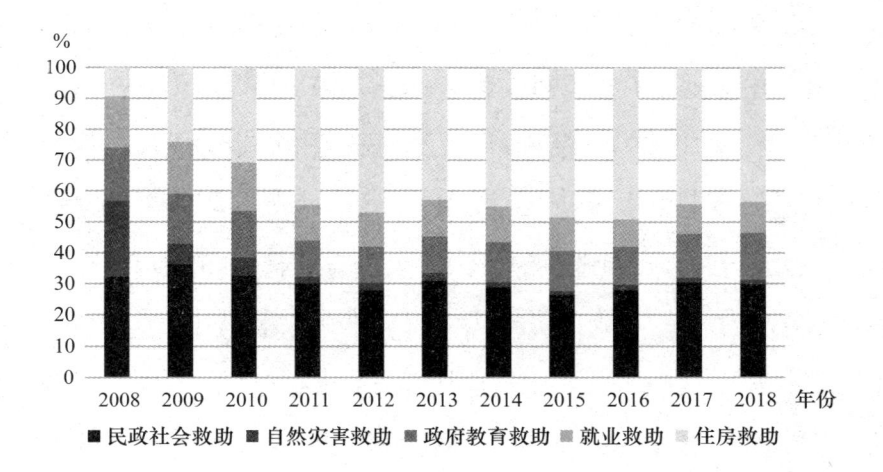

图 12　中国社会救助支出的项目结构（2008—2018 年）

数据来源：民政社会救助、灾害救助数据根据《中国民政统计年鉴》（历年）相关数据整理得到，教育救助、就业救助和住房救助数据根据财政部公布的《全国财政支出决算表》（历年）整理得到。

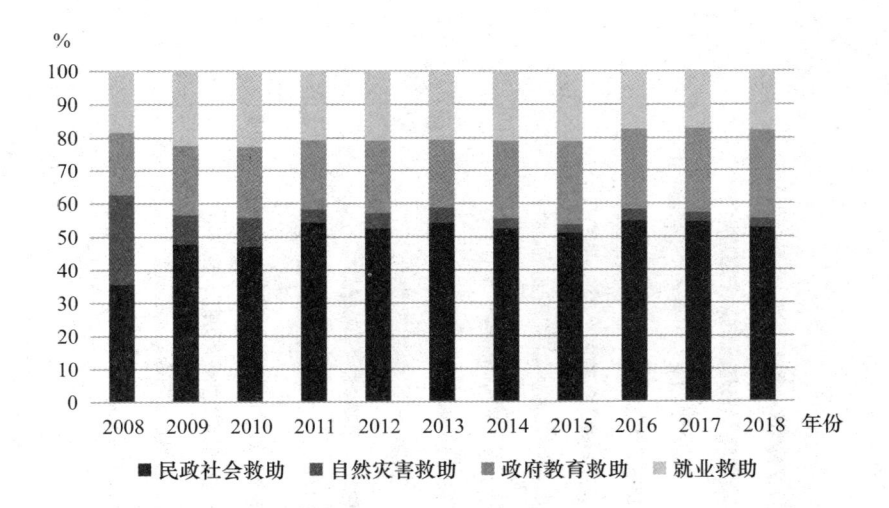

图 13　中国社会救助支出的项目结构（不含住房救助）（2008—2018 年）

数据来源：民政社会救助、灾害救助数据根据《中国民政统计年鉴》（历年）相关数据整理得到，教育救助、就业救助数据根据财政部公布的《全国财政支出决算表》（历年）整理得到。

民政社会救助以城乡低保制度为核心,包括特困人员供养、医疗救助以及其他社会救助,从支出结构来看,城乡低保制度一直是最主要的部分,但其他类型的专项救助项目也在逐步发展。城乡低保支出占民政社会救助总支出的60%以上。其中,城市低保支出占比逐步下降,从2004年77.2%逐渐下降到2018年的22.7%,农村低保支出相应逐步提高,从21.3%逐步提高到目前的41.7%。医疗救助占民政社会救助总支出的比重接近20%。2004年医疗救助支出所占比重仅为1.4%,随着医疗救助制度的逐步完善,救助范围逐步扩大,到2018年医疗救助支出占民政社会救助总支出的比重已经达到18.5%。特困人员供养是民政社会救助的重要内容,其中面向农村特困人员的五保供养支出比重稳定在10%左右。

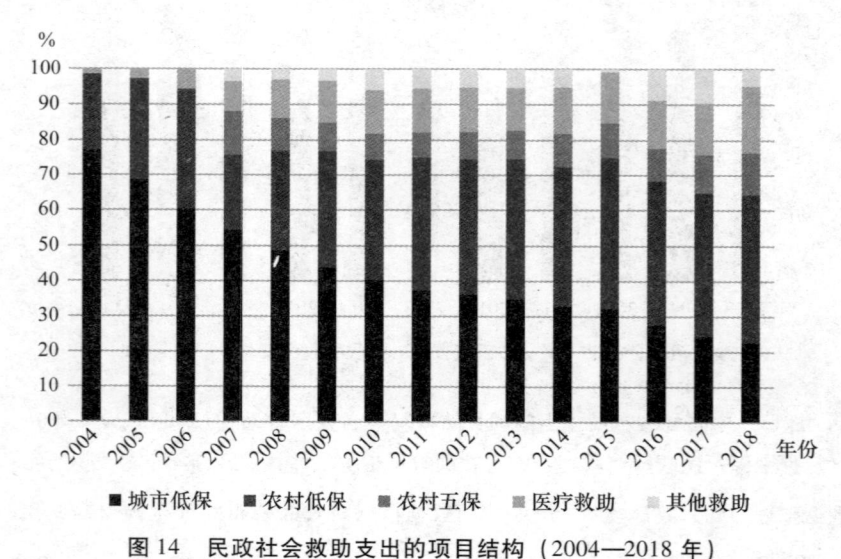

图14 民政社会救助支出的项目结构(2004—2018年)

数据来源:根据《中国民政统计年鉴》(历年)相关数据整理得到。

（三）中央与地方财政的投入结构

社会救助事业是民生事业的重要内容，中央政府在推进社会救助体系建设过程中发挥着重要作用，中央财政投入也是社会救助投入的重要来源。由于数据限制，无法观察到广义的8大类社会救助支出筹资结构，本报告以民政社会救助的筹资结构来观察中央财政和地方财政在社会救助体系发展中发挥的功能。

中央财政在社会救助体系中发挥着越来越重要的作用，中央转移支付所占比重趋于提高。实践证明，完全依靠地方财政尤其是本地县级财政是难以负担社会救助体系建设所需资金。2007年全国范围内开始建立最低生活保障制度之后，中央财政发挥了主导作用，中央财政所占的比重也逐步提高，从2006年的38.8%提高到2017年的78.4%。

资金预算反映了筹资的制度性安排，中央财政安排民政社会救助资金比例接近六成。2015年民政社会救助资金预算总额为2413.9亿元，实际支出2347.4亿元，预算完成率为97.2%。在筹资结构方面，中央财政预算资金比重达57.6%，省级财政比重为18.1%，县级及以下资金比重占到20.6%，中央财政和本地县级财政筹资任务占到78.2%，但中央财政筹资任务仍然占到一半以上，反映出中央财政在社会救助体系中的关键作用。

筹资结构的区域差异明显，经济发达地区省（市、区）的地方安排资金比重更高，中西部欠发达地区主要依靠中央财政负担。上海、北京、浙江、江苏、广东这些经济发达省（市、区）的民政社会救助资金预算中，中央财政预算资金比重不到20%，主要依靠地方政府预算，尤其以本地县级政府筹资为主，贵州、河南、吉林、新疆、甘肃等经济欠发达省（市、区）的民政社会救助资金预算中，中央财政预算资金比重超过70%，本地县级政府筹资比重不到15%。

但是，即便经济欠发达地区主要依靠中央财政筹资，实际面临的社会救助筹资压力仍然不小，地方财政预算完成率相对较低。尽管中央财政在社会救助体系投入中发挥主导作用，但对于经济欠发达、财政能力较弱的地方，目前这一预算结构仍然具有较大压力，2015年地方财政预算完成率为93.5%，低于97.2%的总体预算完成率，其中，西藏、海南、重庆、贵州等省（市、区）的地方财政预算完成率在45%以下，而这些地方的中央转移支付比重相对更高。

表 25　　民政社会救助的预算与支出（2015 年）

	预算资金（亿元）	筹资结构（%）中央财政	筹资结构（%）省级财政	筹资结构（%）市级财政	筹资结构（%）县级财政	实际支出（亿元）	预算完成率（%）
全 国	2413.9	57.6	18.1	3.7	20.6	2347.4	97.2
北 京	18.2	9.0	5.1	0	85.9	18.9	104.3
天 津	25.2	22.3	15.1	0	62.6	24.0	95.5
河 北	76.3	64.2	18.3	3.9	13.6	73.0	95.7
山 西	69.6	60.9	21.9	8.5	8.8	64.1	92.1
内蒙古	85.3	55.7	15.5	10.3	18.5	84.3	98.9
辽 宁	70.6	67.2	10.1	6.0	16.6	74.7	105.8
吉 林	66.3	75.1	9.0	3.6	12.3	65.2	98.3
黑龙江	114.9	61.6	25.8	2.0	10.6	113.4	98.8
上 海	36.2	5.2	3.9	0	90.9	33.7	93.1
江 苏	89.5	17.6	22.8	5.0	54.6	86.1	96.2
浙 江	51.2	14.9	17.5	5.4	62.2	51.3	100
安 徽	98.0	62.4	6.8	2.6	28.3	98.8	100.8
福 建	34.7	37.5	17.6	7.2	37.7	34.8	100.4
江 西	100.7	54.3	16.2	1.6	27.9	101.1	100.4
山 东	100.1	40.7	19.2	10.3	29.7	99.8	99.7
河 南	122.5	75.8	11.4	1.7	11.1	123.9	101.1
湖 北	132.3	57.8	24.4	3.2	14.6	118.0	89.2
湖 南	125.9	64.0	13.0	2.2	20.7	126.2	100.3
广 东	96.6	18.9	47.8	5.6	27.8	96.8	100.3
广 西	81.7	71.1	14.7	1.0	13.2	84.3	103.2
海 南	17.2	62.3	20.8	1.9	15.0	12.5	73.1
重 庆	80.0	44.0	50.5	0	5.4	51.9	64.8
四 川	158.2	70.9	6.4	2.6	20.0	159.5	100.8

续表

	预算资金（亿元）	筹资结构（%）				实际支出（亿元）	预算完成率（%）
		中央财政	省级财政	市级财政	县级财政		
贵　州	102.9	84.8	5.3	2.3	7.6	94.2	91.6
云　南	136.0	63.3	20.4	5.5	10.8	136.2	100.1
西　藏	12.2	66.2	1.0	1.0	31.8	8.7	71.5
陕　西	96.4	62.1	20.4	7.5	9.9	92.5	96.0
甘　肃	99.0	72.1	21.4	1.3	5.3	98.2	99.2
青　海	26.3	70.2	17.8	0.2	11.9	25.3	96.2
宁　夏	20.7	65.7	24.4	0.1	9.9	20.3	98.0
新　疆	69.5	74.4	13.1	0.4	12.1	75.5	108.7

注：预算完成率等于实际支出占预算资金的比例。

数据来源：根据《中国民政统计年鉴（2016年）》相关数据整理得到。

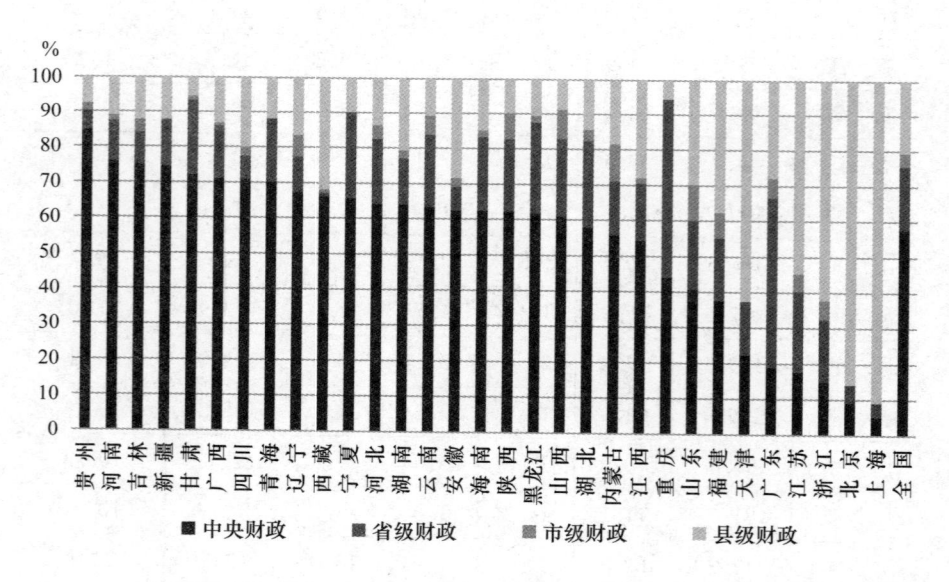

图15　民政社会救助的预算筹资结构（2015年）

数据来源：根据《中国民政统计年鉴（2016年）》相关数据整理得到。

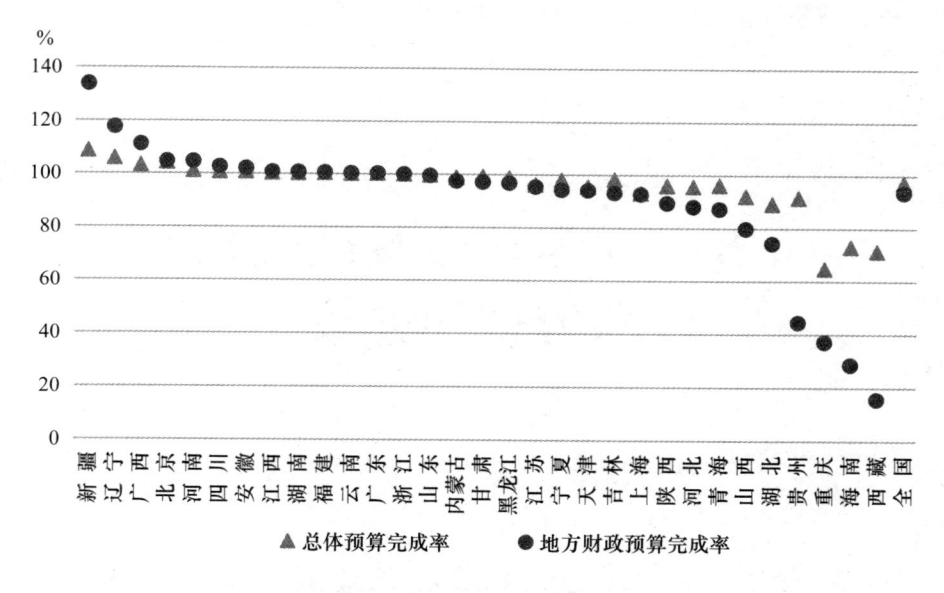

图 16 民政社会救助的预算执行情况（2015 年）

注：预算完成率等于实际支出占预算资金的比例，地方财政预算完成率等于实际支出扣除中央财政转移支付（假定中央财政预算100%执行）占地方各级财政预算资金的比例。

数据来源：根据《中国民政统计年鉴（2016年）》相关数据整理得到。

五　加强社会救助支出与筹资的建议

进入21世纪以来，中国社会救助体系建设步伐明显加快，社会救助体系框架初步建立。社会救助逐渐由群体自我救济转变为政府主导的救助制度，救助范围和对象逐步扩大，救助内容和方式多样化，政府的社会救助投入和支出大幅增加，中央政府和地方政府的筹资责任逐渐明确，地方政府在制度上承担着主体责任，中央财政以转移支付方式面向经济欠发达和财政困难地区提供资金支持。

但是，社会救助支出与筹资仍然面临较大挑战，以下几个方面需要优先关注。一是城乡低收入和贫困群体并未完全实现应保尽保，瞄准对象仍然有一部分游离在制度之外，覆盖率提高将直接带来社会救助支出需求。根据国家统计局城镇住户调查数据测算全国35个大中城市的低保瞄准率，发现城市低保覆盖面仅占应保人群的约1/3，低保识别瞄准率不到70%①，而Chen和Ravallion同样利用国家统计局城镇住户调查数据测算得出，43%获得低保的家庭不具备资格，72%的应保家庭未享受低保②。

二是实际生活成本快速上升，尤其是医疗、教育、住房等公共服务成本上涨较快，同时居民生活水平需求也逐步提高，各类救助的保障水平和标准要求相应动态提高，以确保社会救助减贫的基本目标，实际上中国目前社会救助项目的减贫效果并不理想，王美艳利用2010年6个大城市住户抽样调查的研究显示，低保收入转移后城市贫困发生率并没有降至0，仅下降了0.2—0.3个百分点③，Golan等研究发现中国农村低保也存在类似问题，总体减贫效果并不明显，主要原因在于覆盖人群较少④，这与Ravallion等⑤

---

① 王有捐：《对城市居民最低生活保障政策执行情况的评价》，《统计研究》2006年第10期。

② Chen Shaohua, Martin Ravallion (2005), "Decentralized Transfers to the Urban Poor: China's Di Bao Program", World Bank Working Paper.

③ 王美艳：《中国最低生活保障制度的设计与实施》，《劳动经济研究》2015年第3期。

④ Jennifer Golan, Terry Sicular, Nithin Umapathi (2015), "Unconditional Cash Transfers in China: An Analysis of the Rural Minimum Living Standard Guarantee Program", Policy Research Working Paper 7374, Social Protection and Labor Global Practice Group, World Bank Group.

⑤ Ravallion Martin, Shaohua Chen & Youjuan Wang (2008), "Does the Di Bao Program Guarantee a Minimum Income in China's Cities?", in Jiwei Lou & ShuilinWang (ed.), *Public Finance in China: Reform and Growth for a Harmonious Society*, Washington D.C.: World Bank.

和 Wang[①] 的研究结果基本一致。

三是人口结构加快转变，社会救助需求结构也相应调整，老年人口尤其是高龄老人、独居老人增加，健康医疗救助等专项需求增长较快，快速城镇化带来的留守儿童、二代流动人口等面临过早进入劳动力市场的风险，教育和培训的救助需求很强，救助支出结构需要相应做出调整。

四是城乡差距和地区差异依然很大，城乡一体化的社会救助体系要求在农村和经济欠发达地区给予更大支持，中央与地方各级政府在社会救助的筹资安排和支出结构方面需要继续调整，落后地区的转移支付需求仍然有较大提升空间，以确保缩小地区和群体之间的差距。

五是不同部门之间的救助对象基本一致，但有所侧重，一般现金转移支付与专项支持之间存在重叠，如何提高资金使用效率，是在财政约束逐渐趋紧的情况下需要考虑的问题。而且，社会救助体系的经办机构管理水平落后，始终是一个障碍，而解决这一问题同样也需要配套投入。

面向全面建成小康社会的战略目标，保障中国经

[①] Wang Meiyan（2007），"Emerging Urban Poverty and Effects of the Dibao Program on Alleviating Poverty in China", *China & World Economy*, 15 (2)：74–88.

济成功转型和社会平稳健康发展,社会救助体系需要发挥有效的社会托底功能,社会救助制度改革有待加快,战略思路上需要推进从政策型救助走向法治型救助、从管理型救助走向服务型救助、从生存型救助走向兼顾发展型救助、政府救助走向多元化社会救助的转变。政府公共财政投入方面,需要在社会救助支出和筹资安排上予以加强完善。

(一) 加大社会救助投入力度和强度

中国社会救助支出水平尚有较大的增长空间。研究估算显示,2018 年城乡最低生活保障支出达到 1632.1 亿元,仅占当年 GDP 比重的 0.18%,占当年公共财政支出比重的 0.74%。在不考虑救助方式和资金投入周期差异的情况下,2018 年包括住房救助在内的各类社会救助财政总投入为 8494.6 亿元,也仅占当年 GDP 比重的 0.94%,占当年公共财政支出比重的 3.85%。根据 60 多个国家的经验研究发现[1],社会救助支出占 GDP 比例均值为 1.9%,中位数为 1.4%,约 1/4 的国家这一比例在 1% 以下,另有 1/4 的国家超过

---

[1] Weigand Christine and Margaret Grosh (2008), "Levels and Patterns of Safty Net Spending in Developing and Transition Countries", World Bank Social Protection Discussion Paper, No. 0817.

2%，OECD 国家这一比例平均超过 2%，中国这一比例显然处于较低水平。

更需要引起关注的是，社会救助支出相对强度出现下降迹象，"十二五"时期社会救助支出并未随经济增长和财政收支增长而相应增加，已经陷入徘徊状态甚至开始下降。以最低生活保障制度为主的民政社会救助支出占公共财政比重在 2011 年达到 1.62% 的高峰之后开始逐步下降，2018 年已经下降到 1.15%，包括住房救助在内的各类社会救助总支出占当年公共财政支出的比重也从 2011 年 5.4% 的高峰下降到 2018 年的 3.8%，各类社会救助总支出占当年 GDP 比重从 2012 年 1.26% 的高峰下降到 2018 年的 0.94%。这一变动趋势与中国全面建成小康社会战略目标并不相符，继续加大社会救助支出应该有较大空间。

社会救助范围需要根据需求逐步扩大。救助标准和补助水平要根据经济发展水平的变化相应提高，这要求公共财政继续加大社会救助资金投入，确保社会救助投入增长幅度不低于一般财政支出增长幅度，确保社会救助实际支出占 GDP 比重和占公共财政支出比重不下降并逐步提高，改变"十二五"时期社会救助财政投入强度出现下降的趋势，为配合"十三五"期末全面建成小康社会目标的实现，应该设定一个合适的社会救助投入强度目标，例如各类社会救助总支出占当年 GDP 比重达到 2% 以上，占当年公共财政支出比重达到 10% 以上。社会救助绝对支出水平和相对支出水平均应纳入各级政府财政预算和经济社会考核指标中，以确保社会救助体系可持续发展。当然，如何确定一个合理的社会救助支出水平本身就是一个需要深入研究的议题。相关文献研究总结得出[①]，社会保障支出最常见、最主要的决定因素至少包括：一是收入增长和发展水平，二是人口与人口结构尤其是老龄化，三是民主的兴起与政治制度、政党和政策遗产，四是全球化或贸易开放、工业化和城市化，另外还有经济危机的冲击等。从中国自身来看，社会救助支出水平应该根据经济与社会发展阶段的变化，按照全面建成小康社会、保障和改善民生以及维护社会公平相关战略目标设计合理的支出水平和强度，并确定动态调整标准及制度化的政府间财政分摊机制[②]。

（二）调整社会救助项目的支出结构

社会救助项目的支出结构随城乡居民的实际需求逐步调整。研究估算显示，中国住房市场化改革和住

[①] Naren Prasad, Megan Gerecke (2010), "Social Security Spending in Times of Crisis", *Global Social Policy*, 10 (2): 218-247.

[②] 关信平：《朝向更加积极的社会救助制度——论新形势下我国社会救助制度的改革方向》，《中国行政管理》2014 年第 7 期。

房成本快速增长，城乡低收入和贫困家庭的住房困难问题突出，保障性住房需求增加，因住房救助支出涉及大规模的基础设施和房地产投资，制度实施初期支出需求增长迅速，2018年在各类社会救助支出中所占比重达到40%。若不考虑住房救助项目，以最低生活保障为主的民政社会救助支出始终占据主导地位，所占比重稳定在50%左右，其中最低生活保障支出占民政社会救助总支出比重达到60%以上。但是，在城乡一体化进程中，最低生活保障支出的城乡结构发生了变化，城市低保支出占比逐步从2004年的77.2%下降到2018年的22.7%，农村低保支出相应从21.3%逐步提高到41.7%。随着人口结构转变与居民生活需求的结构变化，可以预期城乡居民的社会救助需求结构也随之调整，中央和地方政府需要考虑社会救助支出结构的改进。

社会救助支出结构调整需要紧密把握城乡低收入和贫困家庭的现实需求。城乡老年人口正在急速增加，高龄老人、独居老人、失能老人规模很大，可以预期，针对老年人的医疗救助需求增长会很快。尽管住房救助涉及大规模投资，短期内支出需求和财政压力较大，但是中低收入家庭、贫困家庭、流动人口家庭的住房需求仍然存在较大缺口，尤其是北京、上海、广州等超大城市，以公共租赁房为主的住房救助投入有待继续增加。城镇中游离着一批过早进入劳动力市场的青年，其中以二代流动青年为主，其失业率居高、就业不稳定，难以适应经济结构调整和产业结构升级，以教育培训为主的救助项目应该发挥更积极的作用。积极社会救助理论与政策强调社会救助中的个人责任，注重受助者的就业能力建设，强调救助方式的转变，有利于保障整个经济社会运行效率[①]。社会救助支出在保障救助对象基本生活需求的基础上，要倾向于更加积极的救助项目和内容，实现社会救助与劳动力市场政策的有机结合，积极促进社会救助对象重返劳动力市场，提高救助制度本身的激励性，尽可能地消除福利依赖。多年来欧洲积极探索的社会救助与劳动力市场协调性经验值得中国借鉴[②]，例如瑞典的培训救助对象多为25岁以下的成年人和缺乏劳动能力的人，德国对不接受所提供工作或不努力寻找工作的救助对象削减救助金，中国社会救助制度也应当更加重视流动性和效率的提升，在实施社会救助的同时，社会救助制度必须辅以积极的劳动力市场政策，社会救助金的发放水平要实现低水平广覆盖。注重对救助对象的就业引导和能力扶持，新增救助支出资金优先用于人力资

[①] 郭林、张巍：《积极救助述评——20 世纪以来社会救助的理论内核与政策实践》，《学术研究》2014 年第 4 期。

[②] 江树革、古斯塔夫森：《国外社会救助的经验和中国社会救助的未来发展》，《经济社会体制比较》2007 年第 4 期。

本投资、就业创业指导等，就业救助与最低生活保障制度等相关救助项目紧密关联，推动中国社会救助体系走向更加可持续的发展道路。

社会救助支出的城乡结构变化也需要调整，以适应城镇化和人口流动的形势。中央和地方政府的社会救助预算安排应该以常住人口为瞄准对象，而不能依据本地户籍人口做预算安排。例如，城市最低生活保障覆盖人群已经连续几年下降，但并不意味着城市中实际贫困人口和低收入家庭的规模绝对减少，也并不意味着城市中低保需求人员减少，快速城镇化进程中形成的常住流动人口（尤其是农村迁移人口）处于中低收入阶层，实际上并未被城市低保制度和其他社会救助制度广泛覆盖。社会救助体系发展应该着眼于重点解决"新市民"，尤其是处于生存风险边缘的农村迁移家庭，应尽快将这一庞大群体纳入城市社会救助体系中，实现这一目标人群的有效全覆盖将会大幅增加城市社会救助支出，需要在财政支出结构和筹资结构上予以调整，同时也要考虑到农村社会救助对象和支出的相应减少，提高城乡社会救助资金使用效率。

（三）明确中央与地方政府的筹资责任

中央财政在社会救助体系中发挥着至关重要的作

用，中央转移支付所占比重也逐步提高。在最低生活保障支出结构中，中央财政所占的比重从2006年的38.8%提高到2017年的78.4%。在资金预算安排上，中央财政安排民政社会救助资金比例约达60%。经济发达地区省（市、区）的地方安排资金比重更高，中西部欠发达地区主要依靠中央财政来负担。但是，对于经济欠发达、财政能力较弱的地方，地方财政筹资能力仍然存在困难，地方财政预算完成率为93.5%，低于97.2%的总体预算完成率，其中，西藏、海南、重庆、贵州等中西部省（市、区）的地方财政预算完成率在45%以下，而这些地方中央转移支付比重恰恰更高。在最低生活保障制度之外的其他社会救助项目中，中央财政所负担的责任很低，主要依靠地方财政尤其是县（市）级财政，责任划分存在失衡[①]。一项经验研究表明，地方政府自有财力、辖区内需要救助的人口数量、教育经费和行政管理经费等很大程度上决定了社会救助支付水平[②]。地方财政能力的差异将导致地区之间的社会救助水平差距扩大，经济发达、财政能力强的地方可以持续提高救助水平和补贴标准，而经济欠发达、财政能力差的地方只能完全依靠中央

[①] 马静：《公共服务均等化条件的城乡社会救助趋势》，《改革》2012年第12期。

[②] 郑新业、张莉：《社会救助支付水平的决定因素：来自中国的证据》，《管理世界》2009年第2期。

财政转移支付维持较低的救助水平。国际经验表明，中央转移支付对于保证地区间社会救助服务的均等化至关重要，而中央社会救助支出责任下放的前提是税收权力和财政分配权力也随之下放，否则会影响社会救助项目的可持续性并导致地区发展不平等[1]。

中央财政有条件继续发挥主导作用，提高转移支付力度，在社会救助体系建设中承担更多筹资任务。最优的政府间社会救助支出分担模式取决于各国国情，理论上存在集权与分权两种不同主张，但根据中国财政体制和实际国情，应该更倾向于社会救助支出责任以中央财政为主承担[2]。根据目前相关规定，原则上要求地方财政负担各项社会救助项目的筹资安排，但实际上地区差距很大，很多县（市）级财政负担较重，实际上已经形成以中央财政转移支付方式为主的中央政府承担主体责任，导致制度安排与实际筹资责任不一致，应该考虑从制度上调整中央与地方政府在社会救助方面的责任关系，明确中央财政的主要筹资责任，确保地方政府形成稳定预期。一方面鼓励地方各级财政特别是省级财政相应加大社会救助投入，省级财政

---

[1] Subbarao, K., Bonnerjee, A. (1997), *Safety Net Programs and Poverty Reduction: Lessons from Cross Country Experience*, Washington, D. C., World Bank.

[2] 杨红燕：《财政转移支付的公平增进效果研究——以城市低保制度为例》，《中央财经大学学报》2014年第9期。

目前在社会救助支出中没有发挥应有责任,县级政府负担过重,而省级政府投入不足导致省内不平等程度显著高于省际间不平等程度,应该建立省级政府社会救助投入比例最低标准约束机制,以确保省内的转移支付有效发挥均等化效果①。另一方面对于经济欠发达地区尤其是贫困地区,中央财政应继续加大转移支付力度,降低地方财政尤其是县级财政负担,确保社会救助预算能够有效执行,并适当控制地区间社会救助水平差距。

当然,同时也应该警惕中央财政负担过多,地方政府失去加强资金管理和制度改进的积极性,造成资源浪费、分配不公,目前中国最低生活保障制度的确存在负激励问题,上级财政补贴客观上弱化了基层政府的财政责任和工作努力程度,甚至出现地方政府骗取低保资金的行为,而监管薄弱也加重了被救助对象的负激励,造成福利陷阱现象②。究竟如何才能设计出一套合理的财政分担机制,仍然需要深入研究,有学者提出"修正的马丁法",食物线支出全部由中央财政负担,非食物线支出全部由地方财政负担,即中央政府保障最基本的生存需求;也有学者建议中国借鉴

---

① 白晨、顾昕:《省级政府与农村社会救助的横向公平:基尼系数分析和泰尔指数分解检验》,《财政研究》2016年第1期。
② 彭宅文:《最低生活保障制度与救助对象的劳动激励:中国式福利依赖及其调整》,《社会保障研究》2009年第2期。

美国社会救助计划 AFDC 以及医疗救助计划 Medicaid 中联邦与州政府的出资比例，设计社会救助财政分担机制[①]。

（四）整合社会救助资源并提高资金使用效率

我们建议基于目前的社会救助体系框架来整合社会救助资源。中国社会救助体系管理涉及民政、教育、住房和城乡建设、人力资源和社会保障等多个部门，除此之外还涉及扶贫、农业、工会、妇联等政府部门，各部门都或多或少地投入专项的社会救助资金，但是不同部门在救助对象界定、救助方式、补贴标准和筹资方式等方面存在差异，导致社会救助资源分散，资金使用效率不高，出现重复救助与救助不足并存的现象。在目前社会救助投入仍然不足的情况下，通过整合现有各方面的资源，提高资金使用效率应该是提高整个社会救助水平的重要举措，这需要在目前初步建立的"8+1"基本框架下，明确一般性生活救助（现金转移支付）与专项救助之间的职能范围，社会救助管理部门应该统筹协调社会救助预算安排，并在覆盖

---

① 杨立雄：《最低生活保障制度存在的问题及改革建议》，《中国软科学》2011 年第 8 期。

对象、补贴标准、支出水平、救助方式等方面共享信息。

同时，应加强社会救助资金使用评估与需求测算。整合社会救助资源并提高使用效率，需要在资金管理使用上做更多努力，应该立足于目前社会救助体系的基本框架，建立一套完整的社会救助体系评估机制，定期对整体社会救助资金使用情况，以及各类专项救助项目资金使用情况进行评估，引入第三方评估机制，采用科学方法独立地完成社会救助体系评估报告，及时发现资金浪费或使用效率不高的问题，并提出改进方案。此外，还应立足于未来人口老龄化、城镇化和人口流动趋势，把握未来社会救助需求变动，准确地测算未来一段时间社会救助支出资金需求总量及其结构，为中央和地方政府资金筹集和预算安排提供科学的依据。

（五）鼓励社会力量广泛参与社会救助

社会救助从社会自我救济转向政府主导的救助机制，并不意味着社会力量就能被完全取代，尤其在一些特定的、专项的救助项目（如自然灾害救助、教育救助、医疗救助等）中仍然需要社会力量的强有力支持。政府社会救助支出需要兼顾和协调直接救济和间接救济两种路径，通过向社会组织、社会工作者和志愿者队伍等社会力量提供支持，间接地实施社会救助也是一种灵活、有效的救助举措。同时，还可以通过财税优惠和相关费用减免政策，引导慈善组织与大中型企业设立救助公益基金，多渠道、多形式支持社会救助事业。

此外，应鼓励创新模式带动全社会广泛参与社会救助。2008年"5.12汶川地震"引发了一轮全社会参与公益活动和社会救助的热情，社会捐款规模大幅增长，但随后出现了红十字会善款使用缺乏监管的问题，导致政府部门组织的慈善事业公信力下降，对社会力量参与公益事业和社会救助带来负面影响。最近几年在互联网技术和互动交流平台快速发展的带动下，以"互联网+公益"的社会救助模式（如腾讯公益、蚂蚁金服公益平台、公益众筹等）发展迅速，激发了社会力量广泛参与社会救助的热情。2016年9月开始正式实施的《慈善法》也有利于鼓励社会力量广泛参与社会救助，社会力量不仅在社会救助的资金筹集上成为有效补充，在救助模式和操作运行方面也具有引导作用。

六　展望

经过几十年的改革发展，中国社会救助体系已经成为社会保障制度的基石，与社会保险、社会福利、慈善事业等相互衔接，共同构筑覆盖城乡的社会保障体系。社会救助体系的内容也逐渐丰富，政策工具从城乡最低生活保障制度逐渐扩展为集生活、医疗、住房、教育、就业、养老等多种需求一体化的全面保障，逐渐形成了"8+1"的社会救助体系基本构架。但是，面对宏观经济调整的冲击，以及新阶段人民群众生活需求的提升，中国社会救助体系的改革发展之路仍然不能停下脚步，政府需要继续加大社会救助的投入力度，尤其是中央政府应该发挥其应有的更大责任，不断创新发展社会救助理念，整合不同部门、不同项目的资源，逐步完善社会救助制度和政策工具，不断提升社会救助体系的托底功能。

中国正处在人口、经济与社会转型发展的关键时期，能否成功跨越中等收入阶段，迈进高收入国家行列是"十三五"时期中国面临的重大挑战，也是关键任务。在新的发展阶段，过去几十年的高速增长已经一去不复返，结构性矛盾更加突出，社会政策托底是谨防中国陷入"中等收入陷阱"的重要保障。在经济调整阶段，中低收入群体和贫困群体更容易遭受冲击，他们应对经济不景气的能力弱、机会少，可能会陷入更加困难的生活境遇。以社会救助体系为主导的社会政策必须发挥托底功能，以保障人民生活，维持稳定社会秩序，确保2020年中国全面建成小康社会的战略目标顺利实现。

在"十三五"中后期以及即将到来的"十四五"时期，中国面临经济结构转型与发展阶段转变的挑战，可以预期社会救助体系需要应对新的问题，满足新的需求。第一，2020年全面脱贫战略目标已经被列入攻坚任务，贫困人口中将有一大部分需要被纳入目前的社会救助体系中，尤其是最低生活保障制度可能要改变覆盖人群逐步减少的趋势，出现较大幅度的反弹，以确保贫困人口全部被纳入低保覆盖范围，甚至部分贫困人口要被直接纳入特困人员供养体系中，这意味着社会救助需求将阶段性增加，救助筹资和预算安排需要妥善考虑。

第二，经济结构调整的冲击将在"十四五"期间以更为强烈的方式显现，新技术革命给劳动力市场和社会保障体系带来挑战，不能完全排除出现经济增速下滑和大规模失业风险的可能，社会救助体系如何在这一冲击中承担应有职责，并做好相应筹资安排准备，有必要未雨绸缪。

第三，人口结构转型将继续加快，城镇化进程中的数亿流动人口以及人口老龄化进程中的数亿老年人口，在经济社会转型中都是相对脆弱的群体，新的城市贫困问题将日益突出。社会救助体系如何有针对性地实施有效的救助，也将是前所未有的一大挑战。

第四，经济增长持续放缓，在 GDP 增速下降到 6% 左右甚至更低的情境下，财政收入增长放缓也不可回避，社会福利支出刚性增长成为一个强约束，社会救助体系如何解决筹资问题，如何实现更为多元化的筹资机制也将是重要议题。

参考文献

Chen Shaohua, Martin Ravallion (2005), "Decentralized Transfers to the Urban Poor: China's Di Bao Program", World Bank Working Paper.

Jennifer Golan, Terry Sicular, Nithin Umapathi (2015), "Unconditional Cash Transfers in China: An Analysis of the Rural Minimum Living Standard Guarantee Program", Policy Research Working Paper 7374, Social Protection and Labor Global Practice Group, World Bank Group.

Naren Prasad, Megan Gerecke (2010), "Social Security Spending in Times of Crisis", *Global Social Policy*, 10 (2): 218 – 247.

Ravallion Martin, Shaohua Chen & Youjuan Wang (2008), "Does the Di Bao Program Guarantee a Minimum Income in China's Cities?", IN Jiwei Lou & ShuilinWang (ed.), *Public Finance in China: Reform and Growth for a Harmonious Society*, Washington D. C.: World Bank.

Subbarao, K., Bonnerjee, A. (1997), *Safety Net Programs and Poverty Reduction: Lessons from Cross Country Experience*, Washington, D. C., World Bank.

Wang Meiyan (2007), "Emerging Urban Poverty and Effects of the Dibao Program on Alleviating Poverty in China", *China & World Economy*, 15 (2): 74 - 88.

Weigand Christine and Margaret Grosh (2008), "Levels and Patterns of Safty Net Spending in Developing and Transition Countries", World Bank Social Protection Discussion Paper, No. 0817.

白晨、顾昕:《省级政府与农村社会救助的横向公平:基尼系数分析和泰尔指数分解检验》,《财政研究》2016年第1期。

关信平:《朝向更加积极的社会救助制度——论新形势下我国社会救助制度的改革方向》,《中国行政管理》2014年第7期。

郭林、张巍:《积极救助述评——20世纪以来社会救助的理论内核与政策实践》,《学术研究》2014年第4期。

江树革、古斯塔夫森:《国外社会救助的经验和中国社会救助的未来发展》,《经济社会体制比较》2007年第4期。

马静:《公共服务均等化条件的城乡社会救助趋势》,

《改革》2012年第12期。

彭宅文：《最低生活保障制度与救助对象的劳动激励：中国式福利依赖及其调整》，《社会保障研究》2009年第2期。

王美艳：《中国最低生活保障制度的设计与实施》，《劳动经济研究》2015年第3期。

王有捐：《对城市居民最低生活保障政策执行情况的评价》，《统计研究》2006年第10期。

杨红燕：《财政转移支付的公平增进效果研究——以城市低保制度为例》，《中央财经大学学报》2014年第9期。

杨立雄：《最低生活保障制度存在的问题及改革建议》，《中国软科学》2011年第8期。

张立彦：《政府社会救助支出存在的问题与对策》，《经济纵横》2013年第9期。

郑新业、张莉：《社会救助支付水平的决定因素：来自中国的证据》，《管理世界》2009年第2期。

程杰，安徽六安人，管理学博士。现任中国社会科学院人口与劳动经济研究所副研究员，研究领域为劳动就业与社会保障。目前主持开展国家自然科学基金面上项目"农村社会保障制度的经济效应：一个系统评估框架"（2016—2020年）、"养老金制度与劳动力市场的协调性：中日比较研究"（2019—2023年）课题研究。

王德文，安徽枞阳人，管理学博士。现任世界银行北京局社会保护高级经济学家，研究领域为社会保护。